JN070374

基礎知識と実務がマスターできる
いまさらシリーズ
Q&A
2023年7月
改訂
いまさら人に聞けない
「減価償却」の会計・税務
株式会社ブレイン［編著］

セルバ出版

は じ め に

企業は、固定資産を購入し利用することで、営業活動を行っています。通常は、取得時に対価の支払いが終了していることから、その後の資金繰りから外されるとともに、減価償却という手続によって、一定のルールで減価償却費が計上されます。

本来、減価償却は、対象資産の経済的、物理的に耐用年数を決定し、利用の仕方に応じて減価償却されるべきです。

しかし、減価償却は、上述のように支出が完了していることから、帳簿上の計算によって、計上されています。

こうした背景により、法人税法上企業間の課税の公平性の観点から、耐用年数を法定化し、償却方法を法定化することで、一定の限度額を設けることにより、その限度額以内での損金を認める形になっています。

このため、企業独自の方法で処理した場合は、その差額分については税務申告調整を行うことになります。

そこで、多くの企業は法人税法で規定する方法や耐用年数によって減価償却を計算しています。

今回の改訂５版は、租税特別措置法関係の記載を中心に見直しました。

租税特別措置法は、時期を限って整備され、必要に応じてその期限が延長されます。

本書では、過去の改正をすべて考慮して整理しましたが、改正前の制度に関する項目も多く残っており、実務でも注意が必要です。

本書は、減価償却を行う目的である固定資産に注目し、その性質から本来どうあるべきかを明確に定義するとともに、税法上の最低限の知識を解説しています。また、企業会計の中で固定資産や減価償却の役割が何であるか、またどのように処理すべきかをできるだけ平易に記述しました。

経理担当者が少し疑問に思ったときに確認したい。そんなときに本書を手にとっていただければ幸いです。

2023年７月

編者　株式会社ブレイン

2023年７月改訂　いまさら人に聞けない「減価償却」の会計・税務Ｑ＆Ａ　目次

⑤　減価償却の方法は

⑥　償却限度額の計算方法は

⑦　特別償却の計算は

⑧　償却資産の除却損等の扱いは

⑨　減価償却をめぐる留意点は

Q1 減価償却ってなに・そのしくみは

Answer Point

♤減価償却とは、減価償却資産の価値の減少分を一定の使用可能期間に配分することで費用化していくことをいいます。

♤減価償却費は、見積りですから、一定のルールに従わなければなりません。

♠減価償却というのは

会社は、通常、１年ごとに決算を行い、１年間の収入と費用を計算し、その差額として利益額を算出します。

収入は、簡単に言えば、売上金額のことで、費用は売上原価と経費に分けることができます。売上原価は、会社が販売した商品の仕入代金であり、経費とは従業員の給料や賞与、事務所家賃等です。

会社の利益額は、収入と費用の差額として算出するといいましたが、言い換えれば、収入を得るために必要であったもののすべてを費用として計上しなければなりません。

しかし、企業が事務所として使用するために、建物を購入した場合を考えますと、建物の購入時には現金を支払いますが、この支出は会社が持っている現金という財産が建物という財産に形を変えたことにほかなりません。

つまり、建物購入の支出は、建物という資産が増えることとなりますので、一切費用は発生しません。

それでは、ここで会社が事務所を借りている場合と事務所となる建物を所有している場合を比較してみます。

借りている場合には、毎月の家賃の支出があり、その支出は経費となりますが、建物を所有している場合には、家賃のような毎月の支払いはありませんので、建物を所有しているほうが借りているほうに比べ利益が大きくなります。

しかし、その差額は、時間の経過や使用することにより減少している建物の価値にほかなりません。

建物を所有している場合、その建物は、収入を得るために使用していることは明らかですので、時間の経過や使用することによる価値の減少分を何らかの方法により測定し経費とすることが合理的です。

つまり、この価値の減少分を見積計算し、各事業年度に費用として配分する方法が減価償却です。

♠減価償却した場合としなかった場合を比較すると

ここで、取得価額360万円の減価償却資産を購入し、耐用年数３年、償却方法は定額法で減価償却をした場合と減価償却はせずに３年終了と同時に廃廃棄した場合を比較してみます。

【図表１　減価償却した場合】　(単位：万円)

	1年目	2年目	3年目	合　計
収入	500	500	500	1500
費用	300	300	300	900
減価償却費	120	120	120	360
利益	80	80	80	240

【図表２　減価償却せず、３年後に廃棄した場合】　(単位：万円)

	1年目	2年目	3年目	合　計
収入	500	500	500	1500
費用	300	300	300	900
廃棄損	0	0	360	360
利益	200	200	▲160	240

図表１・２の２つは、収入や費用はまったく同じで減価償却を行い、減価償却費を計上したか、減価償却せずに廃棄損を計上したかの違いであることがわかると思います。

３年間の合計では、双方ともに240万円の利益となっていますが、その利益の発生の仕方が異なります。

減価償却を行ったほうは、毎年80万円の利益を計上しています。しかし、減価償却を行わなかったほうは、当初の２年間は200万円の利益を計上しましたが、３年目は160万円の損失となっています。

３年間同じ売上であり、費用であることを考えれば、利益も当然のことながら３年間同じであるほうが合理的です。

つまり、減価償却をしたほうが、毎年の利益を正確に表しているものといえます。

♠減価償却資産の価値が減少する原因は２つ

時の経過や使用により減価償却資産の価値は減少します。しかし、その減少分を測定することは困難です。

そこで、価値の減少分は一定のルールに従って見積計算して、使用可能期間に配分することで費用化してきます。

なお、価値の減少原因には、図表３のように２つがあります。

【図表３　価値の減少原因】

価値の減少原因
- ①　物質的減価（時の経過や使用による自然な減耗等）
- ②　機能的減価（新製品の開発や新方式の発見による陳腐化）

♠減価償却計算 のしくみは

減価償却費を計算するには、まず会社が図表４の事柄について決定しなければなりません。

代表的な減価償却方法の具体的な計算式は、図表５のとおりです。

【図表４　減価償却費の計算要素】

項　目	説　明
①　取得価額	取得価額とは、その資産の購入に要した金額等をいいます。
②　分類	分類とは、その資産が建物や建物附属設備、構築物等のどれに該当するかという段階まででではなく、種類、構造もしくは用途、細目についてまでのことをいいます。
③　耐用年数	耐用年数とは、その資産が購入後の使用可能期間をいいます。
④　償却単位	償却単位とは、個々に減価償却計算を行う個別償却資産とするか、2つ以上の資産を一括して減価償却計算を行う総合償却資産とするかをいいます。
⑤　償却方法	償却方法とは、定額法、定率法、生産高比例法等の中から会社の使用方法等から、その資産に対する償却計算を行うに当たり最も合理的な方法を選択することをいいます。
⑥　使用月数	使用月数とは、その資産の償却計算を行うにあたり、その資産購入後、いつから減価償却するかを決定することをいいます。

【図表５　代表的な減価償却方法】

①定額法

$$\text{取得価額} \div \text{耐用年数} \times \frac{\text{使用月数}}{12} \text{ or 取得価額} \times \text{定額法償却率} \times \frac{\text{使用月数}}{12}$$

②定率法

$$\text{取得価額} - (\text{減価償却累計額}) \times \text{償却率} \times \frac{\text{使用月数}}{12}$$

なお、定率法の場合には、一定の条件に合致することとなった以降は、計算式が変わります。

Q2 減価償却資産の取得価額ってなに

Answer Point

♤取得価額とは、購入金額に付随費用を加えたものをいいます。

♤付随費用とは、配送費用や据付費用で、通常はその物を使えるようにするまでの費用をいいます。

♤取得価額は、減価償却計算の基礎とすべきものとされ、償却計算の重要な要素の１つです。

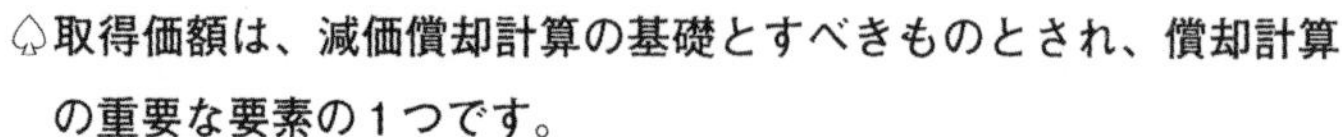

♠取得価額というのは

取得価額とは、その物の購入金額に付随費用を加えたものをいいます。付随費用とは、配送費用や据付費用で、通常はその物を使えるようにするまでの費用です。

取得価額＝購入金額＋付随費用

例えば、会社で新しく機械を購入した場合、その機械の購入代金が1,000万円で、運賃として50万円、据付費用として100万円が必要であったとします。この場合、この機械の取得価額は、購入代金の1,000万円に運賃の50万円と据付費用の100万円を加算した金額1,150万円となります。

♠付随費用として取得価額に含めるか否かの判断は

次に、機械装置を稼動させるために必要なソフトウエア代金が付随費用に当てはまるかについて考えてみましょう。

上述のとおり、取得価額とは、購入代金に、その物を使用するために直接必要とした費用を加えることとされていますので、そのソフトウエアが機械を稼動させるために必要不可欠である場合には、機械の取得価額に含めるべきだと考えます。

ただし、ソフトウエアを取得価額に含めるべき機械は、機械と特定のソフトウエアとが一体となっていて、この組合せでなければ稼動しないことが前提とされています。

では、ソフトウエアの交換等によって様々な利用ができる汎用機械の場合にはどうすべきでしょうか。

この場合には、ソフトウエアは機械の取得価額に含めるのではなく、無形固定資産として別個に計上することになります。

♠取得価額に算入しないことができる費用は

税法上、図表6に掲げるような費用については、減価償却資産の取得に関連して支出した費用であっても、法人の選択によって取得価額に算入しないことができます。

【図表6　取得価額に算入しないことができる費用】

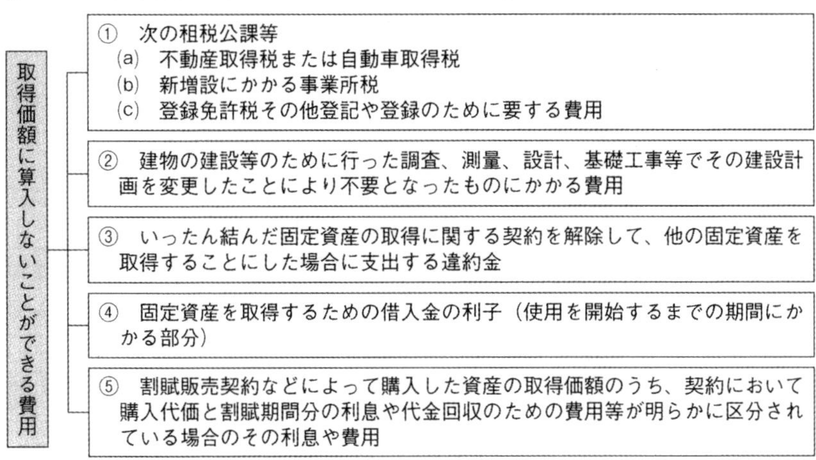

取得価額に算入しないことができる費用
① 次の租税公課等
(a) 不動産取得税または自動車取得税
(b) 新増設にかかる事業所税
(c) 登録免許税その他登記や登録のために要する費用
② 建物の建設等のために行った調査、測量、設計、基礎工事等でその建設計画を変更したことにより不要となったものにかかる費用
③ いったん結んだ固定資産の取得に関する契約を解除して、他の固定資産を取得することにした場合に支出する違約金
④ 固定資産を取得するための借入金の利子（使用を開始するまでの期間にかかる部分）
⑤ 割賦販売契約などによって購入した資産の取得価額のうち、契約において購入代価と割賦期間分の利息や代金回収のための費用等が明らかに区分されている場合のその利息や費用

♠取得価額に算入しなければならない費用は

税法上、取得価額に付随費用として必ず算入しなければならないものがあります。代表的なものとして、図表7のものがあげられます。

【図表7　取得価額に算入しなければならない費用】

費用項目	説　　明
① 固定資産の取得に関連して支出した地方公共団体に対する寄附金	地方公共団体から工場誘致等により土地等を取得した場合、その取得に関連して地方公共団体またはこれらの指定する公共団体等に支出した寄附金等で実質的にみて、その資産の代価を構成すると認められるものは、取得価額に算入します。
② 土地、建物等の取得に際して支払う立退料等	土地等の取得に際し、土地等の使用者等に支払う立退料やその他立退きに要した金額は取得価額に算入します。
③ 事後的に支出する費用	工場等の建設に伴って支出する住民対策費、公害補償費等の費用で当初からその支出が予定されていたものは、たとえその支出が建設後であっても取得価額に算入します。

Q3 耐用年数ってなに

Answer Point

♤耐用年数とは、減価償却資産を効率的に使用できる期間をいいます。
♤税法では、課税の公平性を保つために資産ごとに耐用年数を決定しています。これを法定耐用年数といいます。
♤耐用年数は、減価償却計算の重要な要素の１つです。

♠耐用年数というのは

減価償却資産の利用できる期間は限りがあります。壊れたり、時代遅れとなったりと理由は様々考えられますが、いつかは使えなくなります。

例えば、建物の場合には、年数が経つごとに老朽化し、数十年後には建替をしなければならなくなります。パソコンの場合には、性能が日々向上していますので、使用することはできても新しいものが必要になります。

つまり、減価償却計算では、減価償却資産を効率的に使用できる期間を耐用年数といいます。

♠税法で耐用年数が定められているわけは

具体的な耐用年数は、減価償却資産を使用する会社が、今までの経験則やこれからの状況を考慮して決定します。したがって、同じものであっても、その会社の使用頻度や設置状況によって耐用年数は変化します。

しかし、会社によって耐用年数が変化すると、毎年の減価償却費も変化し、耐用年数が長ければ、減価償却費は小さくなり、耐用年数が短ければ、大きくなります。

減価償却費が小さければ、利益は大きくなり、利益をもとに計算する法人税は大きくなりますし、逆に減価償却費が大きければ、利益は小さくなり、法人税は小さくなります。

したがって、税法上は、耐用年数が短いほうが、長い場合に比べ、当初は有利となります。

そこで税法では、課税の公平性を保つために減価償却資産ごとに耐用年数を決定しているわけです。これを法定耐用年数といいます。

♠法定耐用年数の定め方は

会社が独自の耐用年数を使用することはできますが、税法上では、法定耐用年数で計算し、調整する必要があります。

法定耐用年数は、機械装置以外は、資産の種類、構造や用途により定められています。例えば、大型ダンプ式貨物自動車であれば、車両及び運搬具で構造用途が前掲以外のもので細目が自動車→その他のもの→貨物自動車→ダンプ式と選択した結果４年となります（図表８）。

【図表８　有形減価償却資産の耐用年数表（抜粋）】

構造用途	細　　目	法定耐用年数
特殊自動車	消防車、救急車、レントゲン車、散水車、放送宣伝車、移動無線車及びチップ製造車	5
	モータースイーパー、除雪車	4
	タンク車、じんかい車、し尿車、霊柩車、トラックミキサー車、その他特殊車体を架装したもの	
	小型車（総排気量が2ℓ以下、ただし塵芥車等は2t以下）	3
	その他のもの	4
運送事業用・貸自動車業用・自動車教習所用の車両・運搬具	自動車（二輪又は三輪自動車を含み、乗合自動車を除く）	
	小型車（貨物自動車にあっては積載量が2t以下、その他のものにあっては総排気量が２ℓ以下）	3
	その他のもの	
	大型乗用車（総排気量が３ℓ以上）	5
	その他のもの	4
	乗合自動車	5
	自転車及びリヤカー	2
	被牽引車その他のもの	4
前掲以外のもの	自動車（二輪・三輪自動車を除く）	
	小型車（総排気量が0.66ℓ以下	4
	その他のもの	
	貨物自動車	
	ダンプ式	4
	その他	5
	報道通信用	5
	その他のもの	6
	二輪・三輪自動車	3
	自転車	2
	鉱山用人車、炭車、鉱車及び台車	
	金属製のもの	7
	その他のもの	4
	フォークリフト	4
	トロッコ	
	金属製のもの	5
	その他のもの	3
	その他のもの	
	自走能力を有するもの	7
	その他のもの	4

Q4 減価償却の方法は

Answer Point

♤減価償却の方法は、定額法、定率法、級数法、償却基金法、年金法、生産高比例法などがあります。

♤税法では、減価償却資産により選択できる償却方法が決められています。

♠減価償却の方法は

減価償却の方法には、図表９のような償却方法があります。代表的な方法としては、定額法、定率法があげられます。

そして、減価償却の方法は、会社や個人事業の場合には事業主が、これらの中から決定することとなりますが、その減価償却資産の使用方法や使用頻度等を考慮したうえで、一番合致していると思われる方法を選択することとなります。

【図表９　減価償却の方法】

償却方法	説　　明
①　定額法	毎月の償却額が均等額となる方法（直線法、均等償却法ともいう）。
②　定率法	毎月の償却額が一定の割合で逓減する方法(逓減法、残高比例法ともいう)。
③　級数法	耐用年数内の期間の級数を基準として償却費を配分する方法。
④　償却基金法	利子を考慮に入れた減価償却法の１つ（減価基金法ともいう）。
⑤　年金法	利子を考慮に入れた減価償却法の１つ。
⑥　生産高比例法	減価償却資産の利用量等に比例して減価償却する方法。

♠定額法の特徴は

定額法は、図表10のように毎期均等額の減価償却費を計上する方法ですが、減価が時の経過に比例して生ずること、または、減価と用役提供能力とに相関関係を認めて耐用期間中の固定資産の用役提供能力が均等であるという仮定に基づいています。

したがって、稼動能率が毎期ほぼ一定であるか、または稼動効率が変動してもそれによって減価の進行がほとんど影響を受けないような資産に合致した方法といえます。

【図表10　定額法】

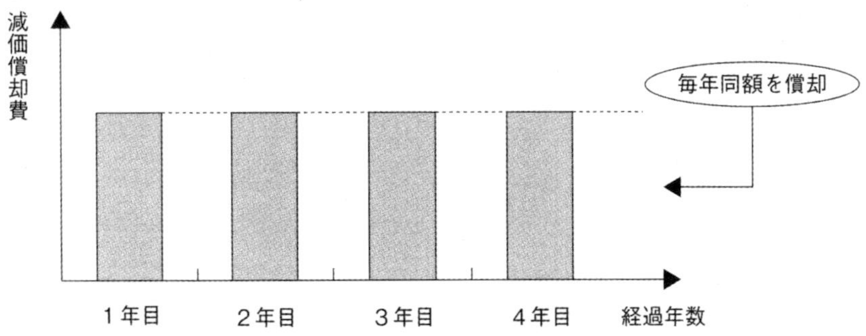

♠定率法の特徴は

定率法は、図表11のように各期の期首未償却残高に一定率を乗じて減価償却費を計算する方法ですが、減価と用役提供能力に相関関係を認めて、新規資産ほど用役提供能力が高く、その能力は漸次減少していくという仮定に基づいています。

したがって、稼動効率が時の経過とともに、漸次減少していく資産、陳腐化の作用が著しい資産に合致した方法といえます。

定率法による減価償却費は、図表11のように当初は定額法に比べ、多くの償却となりますが、時の経過に応じて逓減していきます。

ただし、耐用年数の期間の減価償却費合計額は定額法や定率法、その他の方法によった場合であっても同じ金額となります。

【図表11　定率法】

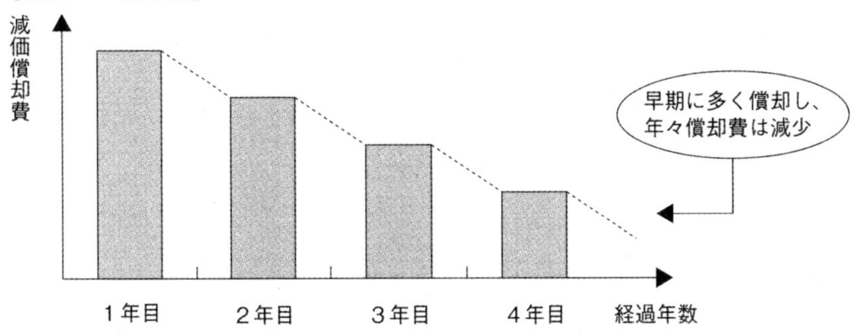

♠生産高比例法の特徴は

生産高比例法は、航空機など全飛行可能時間（距離）を見積ることが可能で、その期の飛行時間（距離）を測定することができる場合や、鉱山用設備のように推定埋蔵量を見積ることができ、その期の生産高（産出量）を測定できる場合には、生産高比例法を選択することができます。

計算方法は、取得価額を全使用可能時間（距離）に按分して、その期の使用時間（距離）分を減価償却費とします。

具体的な計算式は、次のとおりです。

$$減価償却費＝取得価額 \times \frac{当期利用量}{総利用可能量}$$

♠税法上選択できる減価償却の方法は

税法上は、図表12のように資産別に選択できる方法が決められています。

【図表12　税法上選択できる減価償却の方法】

資産の区分	選定可能
①　建物、建物附属設備、構築物（注１）	定額法
②　機械及び装置、船舶、航空機、車両及び運搬具、工具並びに器具及び備品（注１）	定額法又は定率法
③　鉱業用減価償却資産	定額法、定率法、生産高比例法（注２）
④　無形固定資産（注２）及び生物	定額法
⑤　鉱業権	定額法、生産高比例法
⑥　リース資産	リース期間定額法

注１　鉱業用減価償却資産及びリース資産を除く。
注２　建物、建物附属設備、構築物は定率法は選定できません。

なお、機械及び装置、航空機、車両運搬具、工具器具備品等については、法人税法では定率法が原則的方法であり、所得税法上は定額法が原則的方法ですので、その他の方法を選択する場合には、税務署長の承認を受けなければなりません。

また、鉱業用減価償却資産及び鉱業権については、法人税法も所得税法も生産高比例法が原則的な償却方法です。

♠生産高比例法の性質は

定額法や定率法は、当初に決定された耐用年数により減価償却を行いますが、減価償却資産の使用頻度や生産量に影響されませんので、固定費的な性質があるといえます。

しかし、生産高比例法での減価償却費は、毎期の使用量や生産量（採掘量）に比例しますので、変動費的な性質があるといえます。

Q5 減価償却の計算はいつからやればいい

Answer Point

♤減価償却は、事業の用に供した日から計算します。

♤１か月未満は切上げ、月単位で減価償却計算をします。

♠減価償却の計算は

減価償却は、いつから始めればいいのでしょうか。

会社は、いつも事業年度の開始に合わせて、固定資産を購入するわけではなく、通常はその資産の必要な時期に合わせて計画的に購入し、事業の用に供していきます。

例えば、３月決算の会社が５月10日に機械を購入し、６月５日から使用したと仮定します。

購入した５月から計算をするとすれば、11か月分（５月～３月、１か月未満切上げ）の減価償却費を計算することができますが、使用を始めた６月から計算すれば、10か月分（６月～３月、１か月未満切上げ）の減価償却費となり、１か月分の差額が発生します。

そこで、税法では、事業の用に供した日、つまり機械ならば据付やその後の検査、試運転等が終わり、通常として製造を始めた日から減価償却をすることとなっています（図表13）。

したがって、上記の例では、10か月分の減価償却費を計算することとなります。

【図表13　減価償却の開始時期】

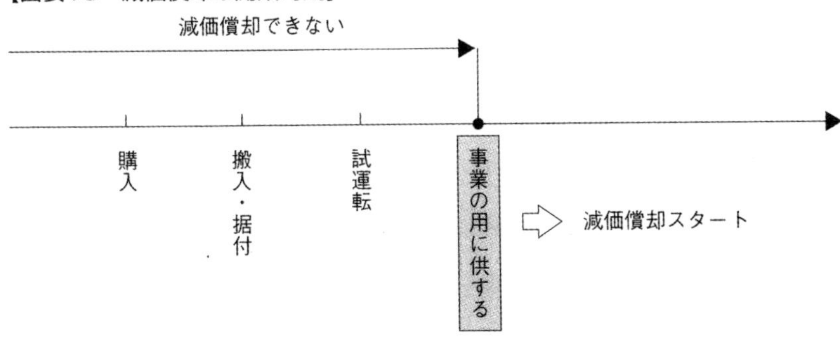

♠賃貸用のビルを建設している場合の減価償却開始は

それでは、賃貸用のビルを建設している場合の減価償却開始は、いつになるのでしょうか。

ビルすべてが賃貸物件の場合には、そのビルが完成し、事業の用に供した日が開始の日となります。ただし、賃貸ビルの場合、実際に入居者がなくても入居募集を始めていれば、事業の用に供していると判断することができます。

また、賃貸物件ではあるが、1階を店舗とし、店舗は使用可能となった時点で賃貸した場合には、どのように計算すべきでしょうか。

この場合、資産全体としては、完成していませんが、事業の用に供している1階部分についてのみ、減価償却を開始することができます。

♠無形固定資産の中には例外あり

無形固定資産も基本的には、事業年度の途中で事業の用に供した場合には、その期間に従って償却します。

しかし、その中には存続期間が定められているものがあり、これらについては、事業の用に供していなくても時の経過によって価値が減少していき、存続期間が終了すると同時にその価値がゼロとなります。

したがって、このような資産については、存続期間の経過に応じて償却することができます。

具体的には、漁業権と工業所有権（特許権、実用新案権、意匠権、商標権）がその対象となり、耐用年数は図表14のとおりです。

【図表14　存続期間に定めがある無形固定資産】

区　分	根拠法	存続期間	法定耐用年数
漁業権	漁業法	10年または5年	10年
工業所有権			
特許権	特許法	20年	8年
実用新案権	実用新案法	10年	5年
意匠権	意匠法	15年	7年
商標権	商標法	10年	10年

また、営業権については、月数での按分計算は必要なく、5年間の均等償却が認められますので、決算期ごとに取得価額の5分の1ずつ償却することとなります。

Q6 有税償却ってなに・その処理は

Answer Point

♤有税償却は、税金を払ってでも早期に償却をすることではありません。

♤会計と税法の調整には、限界があります。

♠有税償却というのは

有税償却という言葉があります。手元の用語辞典などで調べてみると、法人税法の償却限度額を超えた部分については、法人税の申告の際に利益に加算して、その結果、課税の対象になることからこんな言葉で呼ぶようです。

しかし、この考え方は根本的におかしいのです。法人税法の限度額を超えても、税金を払えばいいでしょう、という感じがして違和感があります。

人によっては、税金を払ってまで早く償却を進めるのだから偉いでしょうという理解をしているようです。

わが国で企業会計の基準として現実的に機能しているのは法人税法です。本来なら、企業会計の基準と法人税の基準が乖離している部分については、調整計算によって整合を図るべきです。

しかし、現行の法人税法はこの調整を完全には認めていないため、調整できない項目については、事実上、法人税法が基準の役割を担うわけです。

このような背景を考えずに、経理の仕事をしていると法人税法がすべての会計処理の基準であるかのような錯覚に陥ってしまいます。その結果、有税償却というような言葉が生まれるようです。

有税償却というのは、資産の減価償却計算を実態に即した形で会計処理をすると、法人税法で規定する計算方法で認められた金額を超えますので、税金の申告時に調整したという事実を示すにすぎず、単に会計と税法の乖離の結果にすぎません。

♠会計と税法の計算基準の乖離は申告調整で

このように、会計と税法の計算基準が乖離しているのは珍しいことではありません。さらにいえば、法人税法は、企業会計との乖離を前提に制度設計がされています。

会社の利益と法人税で課税される利益が一致しないことはご存知でしょうが、そのための調整表が法人税法ではじめから用意されています。法人税申告書の別表四と別表五がその調整表です。

別表四は、損益計算書と税務上の利益計算を調整する表であり、別表五は貸借対照表と税務上の剰余金計算を調整する表です。

減価償却との関係では、別表四が重要です。会計上の減価償却費が法人税法の損金算入限度額を超える場合には、会計上の利益の金額にその超える分の金額を加算します（これを加算調整といいます）。

誤解のないようにもう一度いいますが、この場合の会計上の減価償却費は固定資産の実態からみて計算された金額が正しい金額であり、それが法人税法の損金算入限度額を超えているということです。

減価償却費の場合には、これとは逆に、会計的に見積った償却費のほうが法人税法の損金算入限度額よりも小さいということも起こりえます。

ところが、このときに別表四で不足分の償却費を追加計上することは認められていません(利益の金額からスタートするので減算することになります)。

減価償却に限らず、このような減算調整はあまり認められていないため、会計的に正しい処理をした場合には、税法で認められている有利な方法を適用できないという不自由なことになっています。

♠有税償却の処理は

会計上の減価償却費のうち法人税法の損金算入限度額を超える部分については、法人税申告書において調整をします（図表15)。

【図表15　有税償却の処理例】

・期首簿価　100,000円
・会計上の減価償却費　20,000円
・法人税法の損金算入限度額　10,000円

①　会計上の処理
（借）減価償却費　20,000　（貸）機械　20,000

②　法人税申告書の調整
別表四　減価償却費　10,000　加算留保
これにより、税務上の減価償却費は10,000円になり、その結果として課税される利益が10,000円増加します。
別表五（一）　機械　10,000　当期中の増加
これにより、税務上の機械の簿価は90,000円になります。

個別償却・総合償却ってなに・その違いは

Answer Point

♤複数の減価償却資産を一括償却するほうが合理的な場合には、総合償却します。

♤総合償却は、狭義の総合償却とグルーピングに分けられます。

♠個別償却と総合償却の違いは

個別償却と総合償却は、減価償却方法の分類の１つ方法です。

個別償却とは、個々の固定資産単位について個別に減価償却費の計算を行う方法をいいます。

総合償却とは、2つ以上の固定資産を一括して減価償却費の計算を行う方法をいいます。

減価償却では、個別償却が原則的方法ですが、計算の煩雑性の回避や複数の資産を１つの償却単位と考え減価償却計算をするほうが合理的な場合があることから､総合償却という減価償却計算の方法がとられる場合があります。

♠総合償却は２つに区別

総合償却は、狭義の総合償却とグルーピングに分けることができます。

狭義の総合償却は、耐用年数の異なる２つ以上の減価償却資産に対し、平均耐用年数によって減価償却計算を行う方法です。

また、グルーピングとは、耐用年数が等しく、かつ性質や用途等が同一のものをそれらの耐用年数によって一括して減価償却計算を行う方法です。

なお、耐用年数や性質、用途等が同一であっても、中古の減価償却資産について見積りによる残存使用可能期間等を耐用年数としている場合には、新品の減価償却資産とは耐用年数が一致しないため、グルーピングすることはできません。

♠狭義の総合償却の耐用年数は

狭義の総合償却では減価償却資産個々の耐用年数が異なっていますので、総合償却で使用する耐用年数を決定する必要があり、決定された耐用年数は平均耐用年数といいます。

平均耐用年数は、一般には減価償却資産の取得価額の合計額をその資産ごとに定額法により計算される年間の減価償却費の合計額で除した年数によって決定されます。

♠具体的な平均総合耐用年数の計算は

ＡからＣの資産について総合償却を行うこととします。

まず、個々に定額法による年償却額を計算し、それらを合計すると29,000千円となります。そして、ＡからＣの総取得価額（195,000千円）を計算結果（29,000千円）で除すると6.7241という結果となり、小数点以下を切り捨てますので、平均耐用年数６年（償却率0.417）が求められます（図表16）。

【図表16　平均耐用年数計算】（単位：千円）

	取得価額	耐用年数	年償却額
A	20,000	5	4,000
B	160,000	8	20,000
C	15,000	3	5,000
計	195,000		29,000

195,000÷29,000≒6.7241（小数点以下切捨て）

♠減価償却費をあえて配賦するときは

総合償却は、耐用年数等を異にする２つ以上のものを一括して減価償却を行いますので、基本的には減価償却費を個別の資産へ配賦は行いません。

あえて個々の資産へ配賦する場合には、個別の耐用年数に対応した配賦を行うことが正しいといえます。

図表16の例によれば、図表17のようになります。なお、償却方法は定率法を採用し、期首にすべての資産を購入し、事業の用に供したものとします。

この場合の減価償却費は、195,000千円×0.417＝81,315千円になります。

【図表17　減価償却費の配賦】（単位：千円）

	取得価額	耐用年数	償却率	年償却額	比率	配賦額
A	20,000	5	0.500	10,000	0.1378	11,205
B	160,000	8	0.313	50,080	0.6900	56,107
C	15,000	3	0.833	12,495	0.1722	14,003
計	195,000			72,575	1	81,315

また、平均耐用年数による配賦も認められています。この場合のＡ資産への配賦額は81,315千円×20,000千円÷195,000千円＝8,340千円となります。その他の資産への配賦額は、Ｂ資産は66,720千円、Ｃ資産6,255千円となります。

減価償却費の会計処理・税務処理のポイントは

Answer Point

♤正確な期間損益計算を維持するためには、恣意性を排除し、計画的・規則的な減価償却をしなければなりません。

♤税務上、損金として認められるためには、償却費として経理処理しなければなりません。

♤法人の場合は、任意償却ですが、個人の場合は強制償却になります。

♠減価償却は毎期の損益計算を正確に

減価償却の重要な目的の１つは、適正な費用配分を行い、毎期の損益計算を正確にすることにあります。

減価償却資産の多くは、その物自体や有する機能が時の経過や使用によって徐々に減少していきます。

したがって、このような資産の取得に要した費用を、取得した事業年度や除却した事業年度のみの費用とすることは合理的ではありません。

その資産を使用することによって獲得することのできた収益に対応する費用として、その資産が使用できる期間（耐用年数）に、一定の計画に基づいて規則的に費用配分する手続を減価償却といい、その結果として正確な損益計算がもたらされます。

♠会計処理のポイントは計画的・規則的

そのため、減価償却は、恣意的な方法ではなく、一般に認められた方法により計画的・規則的に行われなければなりません。

したがって、その会社に最も適切な減価償却方法を選択するとともに、耐用年数を合理的に見積もり、毎期継続して適切に計算・処理していかなければなりません。

また、使用する勘定科目についても他のものと混同しないよう減価償却費等の勘定科目により処理する必要があります。

♠税務処理のポイントは

減価償却資産について償却費として損金の額に計算される金額は、その事業年度において償却費として損金処理した金額のうち、償却限度額に達するまでの金額に限られます。

ただし、償却費等の科目により処理していなくても、損金経理したもので償却費として認められるものもあります。

具体的な例としては、図表18のようなものがあげられます。

【図表18　損金経理したもので償却費として認められるもの】

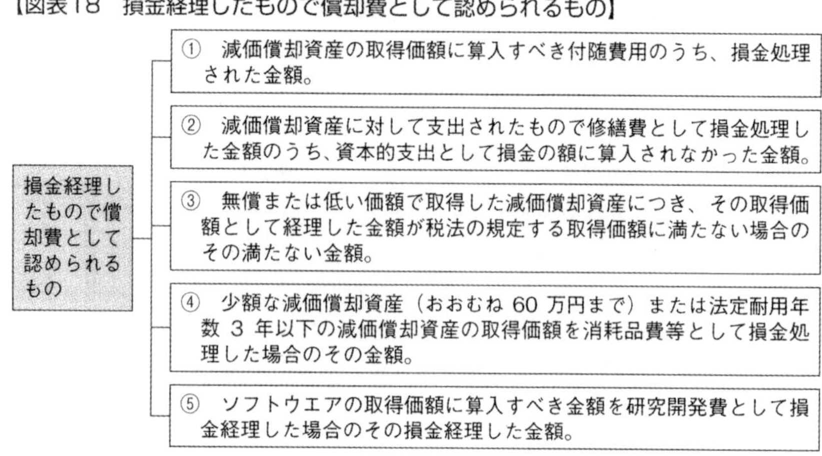

損金経理したもので償却費として認められるもの
① 減価償却資産の取得価額に算入すべき付随費用のうち、損金処理された金額。
② 減価償却資産に対して支出されたもので修繕費として損金処理した金額のうち、資本的支出として損金の額に算入されなかった金額。
③ 無償または低い価額で取得した減価償却資産につき、その取得価額として経理した金額が税法の規定する取得価額に満たない場合のその満たない金額。
④ 少額な減価償却資産（おおむね 60 万円まで）または法定耐用年数 3 年以下の減価償却資産の取得価額を消耗品費等として損金処理した場合のその金額。
⑤ ソフトウエアの取得価額に算入すべき金額を研究開発費として損金経理した場合のその損金経理した金額。

ここで、取得価額200万円の減価償却資産を購入し、そしてその全額を消耗品費として処理し、これにもとづいて税務申告していましたが、後日において修正を求められた場合を考えます。

この場合、取得価額が200万円ですので、図表18の③には該当せず、償却費として損金経理した金額には該当しません。

したがって、消耗品費として処理した全額の200万円が損金として認められず、益金に加算されることとなります。

♠減価償却の強制償却は

税法上、法人の場合には、減価償却費として損金処理できる金額の限度額が定められている（任意償却）のですが、個人の場合には減価償却することが強制されています（強制償却）。

つまり、個人の場合には、規定に従って計算した減価償却費に満たない金額を減価償却費として必要経費としていても、その満たない金額については減価償却されたものとして取り扱われます。

したがって、減価償却費を過少に経費処理した場合等は、その過少とした金額は、基本的には経費として認められる機会をなくす結果となります。

Q9 減価償却資産ってどういう資産のこと

Answer Point

♤固定資産の分類は、有形固定資産・無形固定資産・投資その他の資産に分類されます。

♤減価償却の観点からは、減価償却資産と非減価償却資産とに分類できます。

♠固定資産は大きく有形・無形固定資産、投資その他の資産に区別

固定資産は、財務諸表等規則に従えば、有形固定資産、無形固定資産、投資その他の資産に区分されますが、ここでは減価償却に関係する有形固定資産と無形固定資産について考えることとします。

有形固定資産とは、原則として、1年以上使用することを前提として所有する具体的な形態のある資産をいい、建物、建物附属設備、構築物、土地等に分類することができます。

無形固定資産とは、有形固定資産のように具体的な形態はありませんが、長期にわたって経営に利用され、かつ他企業との競争に有用なものをいいます。

また、無形固定資産は、特許権や借地権のように法律上の権利と営業権のように経済的事実上の財産に分けることができます。

♠減価償却資産と非減価償却資産は価値の減少により分類

また、この両者は減価償却という観点からは、減価償却資産と非減価償却資産に分類することができます。

減価償却資産とは、使用または時の経過によって、その価値が減少するため減価償却という方法によって、価値の減少分を各期に費用として配分しなければならない資産をいいます（図表19）。

図表19のとおり、牛や馬なども動物やりんごやお茶の木なども植物は生物に区分され、表示上は有形固定資産に含まれますが、これを減価償却という観点から分類すれば減価償却資産に含まれます。

次に、非減価償却資産とは、使用や時の経過によっても価値の減少がみられない資産であり、土地がその代表といえます。

【図表19　減価償却資産の範囲】

減価償却資産

❶ 有形減価償却資産
① 建物及び建物附属設備（暖冷房設備、照明設備、通風設備、昇降機その他建物に附属する設備をいう）
② 構築物（ドック、橋、岸壁、さん橋、軌道、貯水池、坑道、煙突その他土地に定着する土木設備または工作物をいう）
③ 機械及び装置
④ 船舶
⑤ 航空機
⑥ 車両及び運搬具
⑦ 工具、器具及び備品（観賞用、興行用その他これらに準ずる用に供する生物を含む）

❷ 無形減価償却資産
① 鉱業権(租鉱権及び採石権その他土石を採掘し又は採取する権利を含む)
② 漁業権（入漁権を含む）
③ ダム使用権
④ 水利権
⑤ 特許権
⑥ 実用新案権
⑦ 意匠権
⑧ 商標権
⑨ ソフトウエア
⑩ 育成者権
⑪ 営業権
⑫ 専用側線利用権
⑬ 鉄道軌道連絡通行施設利用権
⑭ 電気ガス供給施設利用権
⑮ 熱供給施設利用権
⑯ 水道施設利用権
⑰ 工業用水道施設利用権
⑱ 電気通信施設利用権

❸ 生物
① 牛、馬、豚、綿羊及びやぎ
② かんきつ樹、りんご樹、ぶどう樹、なし樹、桃樹、桜桃樹、びわ樹、栗樹、梅樹、かき樹、あんず樹、すもも樹、いちじく樹及びパイナップル
③ 茶樹、オリーブ樹、つばき樹、桑樹、こりやなぎ、みつまた、こうぞ、もう宗竹、アスパラガス、ラミー、まおらん及びホップ

♠減価償却と償却の違いは

固定資産の取得原価を、使用できる期間等をもとに、一定の計画に基づいて、規則的に費用として各期に配分するとともに、その額だけ資産の帳簿価額を減少させていく会計上の手続を減価償却といいますが、無形固定資産については、有形固定資産の場合の減価償却（depreciation）とは区別して、償却（amortization）という用語を用いるのが一般的です。

ただし、ここでは、特に区別せずに使用することとします。

Q10 減価償却しない資産は

Answer Point

♤事業の用に供していないものは、減価償却できません。

♤時の経過により価値が減少しないものは、減価償却できません。

♠減価償却資産と非減価償却資産の区分は

減価償却資産は、税務上、減価償却する資産と減価償却しない資産があります。減価償却する資産は減価償却資産、しない資産は非減価償却資産と呼ばれます。

減価償却資産と非減価償却資産の判断は、まず事業の用に供しているものであるかどうか、そして時の経過により価値の減少があるかどうかにより区分します。

代表的な区分方法は、図表20により検討することとなります。

【図表20　減価償却資産と非減価償却資産の区分】

判断基準	該当資産
❶ 事業の用に供していないもの	① 稼動休止中の資産（常時、保守点検を行い、いつでも使用可能な状態のものは減価償却可能） ② 移動中の資産（移設の期間が通常の期間である場合には減価償却可能） ③ 建設中の資産（完成した部分から事業の用に供している場合は、その部分のみ減価償却可能） ④ 育成中の生物
❷ 時の経過により価値の減少しないもの	① 土地・借地権等 ② 電話加入権 ③ 書画、骨董等 ④ 貴金属の素材の価額が大部分を占める固定資産

♠ゴルフコースの芝は

ゴルフコースや運動競技場の芝生等のように緑化以外の本来の機能を果たすためのものは、減価償却することが認められていません。

ゴルフコースのフェアウエイやグリーン等で一体となってゴルフコースを構成するものは、土地として処理します。

ただし、芝生の張替え等のための費用は、修繕費として処理することができます。

図表20の❶の④の育成中の生物ですが、例えば、精肉用の牛や馬などは、成長して販売されるまで、時間をかけて生育する必要があり、生育中は販売できないため、事業の用に供しているとはいえません。

また、リンゴ等の果樹も同様で、生育中は減価償却計算の対象とすることはできません。

♠書画・骨董等に該当するのは

時の経過により価値の減少しないもののうち、図表 20 の❷の③の書画、骨董等とは、具体的には古美術品、古文書、出土品、遺物等のように歴史的価値または希少価値を有し、代替性のないものおよびこれら以外の絵画や彫刻等の美術品、工芸品等です。

ただし、書画・骨董に該当するかどうかが明らかでない美術品等でその取得価額が 1 点 100 万円以上のものは原則として非減価償却資産とし、取得価額が 1 点 100 万円未満のものは原則として減価償却資産とするという取扱いが平成 27 年 1 月 1 日以降取得する美術品等には適用されます。

なお、取得価額が 1 点 100 万円以上の美術品等であっても、「時の経過によりその価値が減少することが明らかなもの」に該当する場合には、減価償却資産として取り扱うことが可能です。

【図表 21　書画・骨董等】

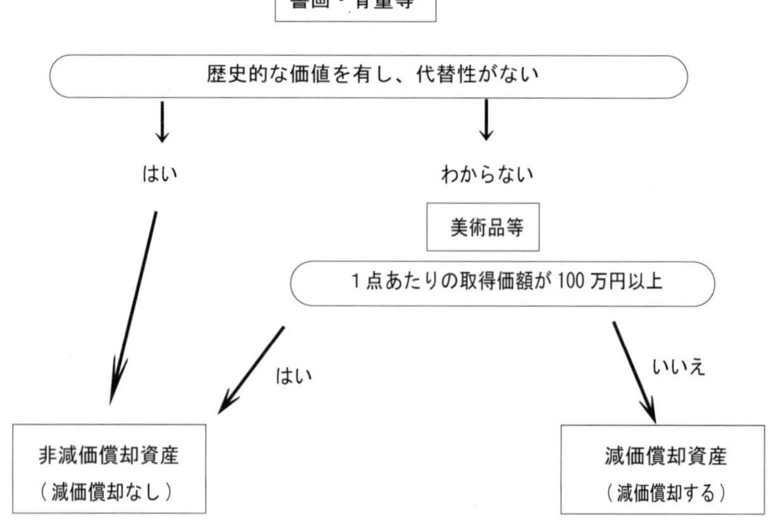

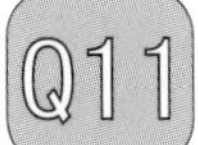

Q11 建物と建物附属設備の区分は

Answer Point

♤会計上、ビルは建物と建物附属設備に区分できます。
♤節税のためには、建物と建物附属設備の分類が効果的です。

♠建物と建物附属設備の範囲は

通常、建物といった場合には、ビルであればビル全体を建物と考えますが、減価償却を行う場合、建物と建物附属設備に区分することができます。

具体的に建物とは、土地に建設された家やビル等で、周囲を壁と屋根により囲まれていて居住や事務所または店舗、工場や倉庫として使用されるものです。

それでは、建物附属設備とは、どのようなものでしょうか。

基本的には建物本体に取り付けられた装置であり、給排水・衛生・ガス設備や電気設備、冷暖房設備、エレベーターやエスカレーターのような昇降機設備のことをいいます。また、エヤーカーテンや自動ドア、それにアーケードや日よけも建物附属設備として分類されます。

♠節税と区分の関係は

では、なぜ税法では建物と建物附属設備に区分する必要があるかということになりますが、これには法定耐用年数の違いが一因となっています。

一般的には、建物附属設備のほうが建物に比べ短く設定されているため、ビル等の取得価額から前述の様々な設備を抜き出して建物附属設備に分類したほうが早期に費用化されるため、当初は法人税を小さくすることができることとなります。

例えば、1,500万円でエレベーター付の建物を購入しましたが、その内訳を建物1,000万円でエレベーターが500万円とします。

この場合、総額1,500万円を建物として処理するか、建物1,000万円及び建物附属設備500万円と処理するかになります。

建物の耐用年数を50年、エレベーターの耐用年数を20年、定額法で処理するものと仮定しますと、１年目の減価償却費は建物の取得価額1,500万円として処理した場合、年間30万円となりますが、建物の取得価額1,000万円と

【図表22　建物と建物附属設備】

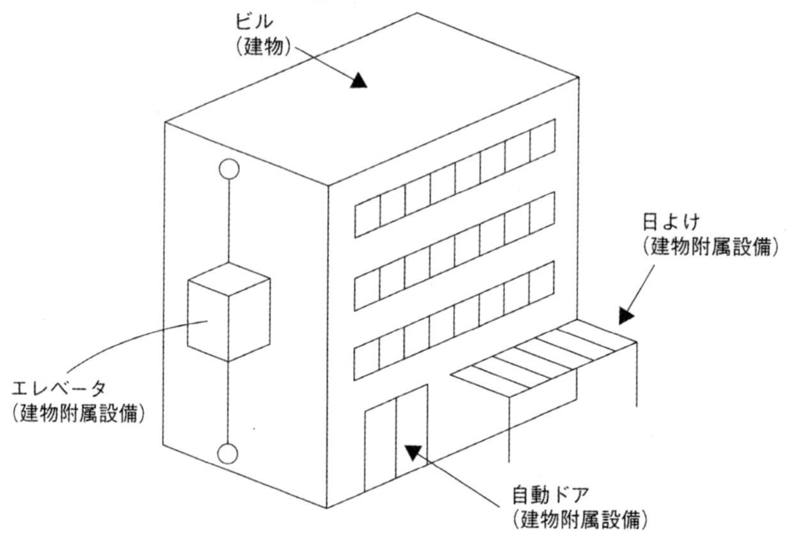

建物附属設備500万円として処理した場合は、45万円となります。

したがって、建物1,500万円として処理した場合に比べ、建物1,000万円及び建物附属設備500万円として処理した場合のほうが、年間15万円減価償却費が多くなり、その結果として利益額も15万円小さくなります。

ただし、エレベーターの耐用年数を経過した時点で、減価償却費は30万円と20万円となり逆転します。

♠立替予定で購入した建物付土地の区分は

すぐに立て替えるつもりで、建物付土地を建物5,000万円、土地２億円で購入し、新しい建物を１億円で建設したものとします。

また、建物の起工式や周辺住民対策費として1,000万円、舗装道路費や植栽費として2,000万円を支払ったとします。

この場合、もともとあった建物は当初から建て替えるつもりであり、建物の取得費用として5,000万円を支払ったとしても、土地を利用するための費用でありますので、土地の取得価額（2.5億円）となります。

建物の取得価額は建設費の１億円と起工式や周辺住民対策費の1,000万円を加えた１億1,000万円となりますが、この中に建物附属設備となるものがあれば、１億1,000万円を建物と建物附属設備に区分することとなります。そして、舗装道路費や植栽費の2,000万円は構築物として区分されます。

Q12 構築物の範囲は

Answer Point

♤構築物とは、土地上にあり、建物以外の土木設備や建造物のことをいいます。

♤代表的なものとしては、放送・無線通信用の鉄塔や鉄柱、トンネルや橋、運動場のネット設備や水泳プール等があります。

♤その他には、庭園や花壇のような緑化施設や舗装道路・路面、広告塔等も構築物に分類されます。

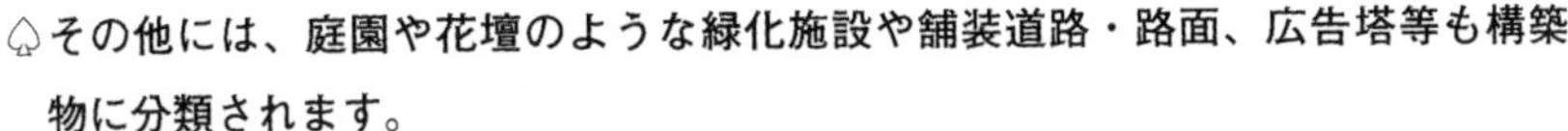

♠土地と構築物の範囲は

構築物には、分類の紛らわしいものがあり、注意が必要です。例えば、庭園の池、植木や芝生といったものは、一見すると土地の一部と思われますが、これらのものは、構築物となります。

しかし、ゴルフコースや運動場の芝生等のように緑化施設の一部としてのものではなく、そのものの本来の機能を発揮するために植栽されたものについては構築物ではなく土地とすることとされています。

ゴルフコースのフェアウエイやグリーン、池等一体となってゴルフコースを構成するものも同様です。ただし、芝生の張替え等の費用については、修繕費とすることが認められています。

また、土地の造成費用は構築物ではなく、土地となりますが、道路を舗装した費用は土地ではなく、構築物として区別します。

♠建物と構築物の区分は要注意

ビルの屋上に設置されている広告塔等は、建物と一体かどうかにより判断され、建物と一体であると判断される場合には構築物ではなく、建物となる可能性があります。

また、駐車場についても、そのあり方によって判断しなければなりません。

駐車場に屋根がついている場合には、建物となるのでしょうか。屋根以外は、吹き抜けになっている構造ならば、構築物に分類しても問題ないでしょう。

しかし、立体駐車場のように、壁や屋根を持ち、建物としての構造があれば、建物に分類される可能性があります。

♠構築物と機械装置の区分は

構築物の中には、ガス貯そうや薬品貯そう等の貯蔵用タンクが含まれますが、これらは構築物であるか機械装置であるかの区別が困難となる場合があります。図表23のようなものについては、生産工程の一部としての機能を有しているかどうかにより区分することとなります。

ただし、タンカーから石油精製工場内の貯蔵タンクまで原油を陸揚げするために施設されたパイプライン等は、構築物に区分されます。

【図表23　生産工程の一部としての機能を有するか否かで区分】

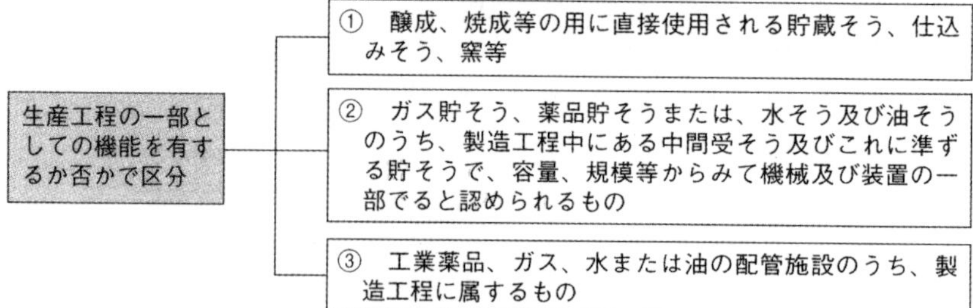

♠構築物の耐用年数は

構築物の耐用年数は、用途別と構造別に定められていますので、まず用途により判定します。そして、用途別に定められていない場合には、構造別に判定することになりますが、構造別の具体例としは、鉄骨鉄筋コンクリート造または鉄筋コンクリート造のものやコンクリート造またはコンクリートブロック造のもの、れんが造のもの、石造のもの等があります。

なお、用途としては、図表24のように具体的に10つに区分されています。

【図表 24　構築物の耐用年数の用途】

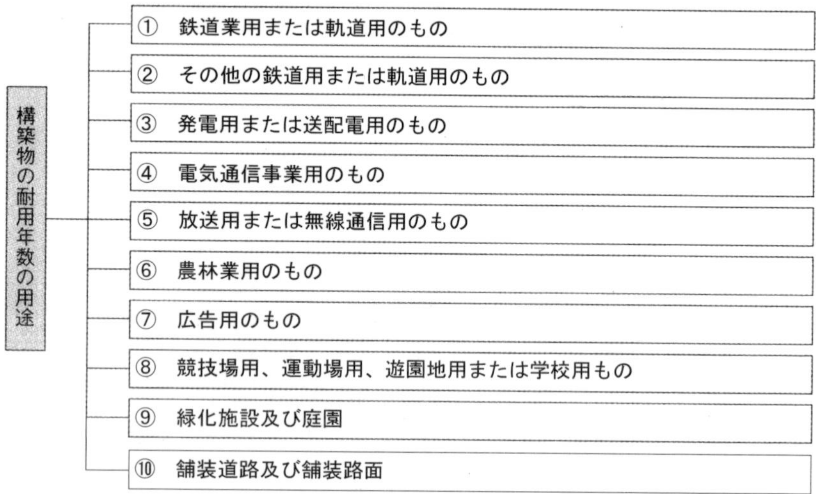

Q13 機械装置・工具器具備品の範囲は

Answer Point

♤機械装置とは、工場や工事現場で使用され、動力を用いて一定の運動を繰り返すことのできる製造設備や建設機械のことをいいます。

♤工具とは、測定・検査工具や治具・取付工具等の持ち運びできる器具のことで、その他には切削工具等があります。

♤器具・備品は、事務机やイスのような家具や電気冷蔵庫や冷房用または暖房用機器のような電気・ガス機器、その他、事務・通信機器や看板・広告器具があります。

♤また、医療機器やボンベ、ドラム缶のような容器や金庫、生物（植物・動物）、楽器等も器具・備品に含まれます。

♠機械装置の減価償却は総合償却

機械装置の法定耐用年数は、基本的にはグループ単位または設備単位で耐用年数を決定し、減価償却を行います。

例えば、工場でベルトコンベアーを使用している場合、そのベルトコンベアー単体で考えるのではなく、どのような製造ラインでベルトコンベアーを使用しているかによって決定されます。

具体的には、食肉または食鳥処理加工施設で使用されている場合には、他の機械装置と一体としてとらえ、９年の法定耐用年数となりますが、缶詰または瓶詰め製造設備であれば８年、漬物製造設備であれば７年となります。

ただし、建設現場等で使用されるブルドーザー、パワーショベルその他自走式作業用機械設備の場合には、個々に５年の法定耐用年数により減価償却が行われます。

♠器具備品とその他のものとの区分は

器具備品の中には、冷房用または暖房用機器が含まれていますが、その程度により、建物附属設備となる場合があります。

ダクト等を通して広範囲に建物を冷暖房するパッケージドタイプのものは、器具備品ではなく、建物附属設備に含まれます。

また、金庫は器具備品に含まれますが、金融機関が店舗等に設置している金庫室は、その全部が建物として区分され、レントゲン車に搭載されているレントゲン装置は車両運搬具として判断します。

♠物品の販売業者が製造業者の社名入陳列ケースを安く譲り受けたときは

企業会計では、贈与その他無償で取得した資産については、公正な評価額をもって取得価額とするとされていますので、贈与によって取得した資産は、その時の時価をもって取得価額としなければなりません。

また、時価より低い価額で譲り受けた場合には、時価との差額を受贈益として計上することとなります。

しかし、法人税法では、今回のように販売業者が製造業者から安く取得した資産（広告宣伝用看板のように主として広告宣伝に使用されるものは除きます）は販売業者の事業に使用されるとともに、製造業者の社名が入っており、製造業者の宣伝広告のためにも使用されるものです。

この場合には、受贈益として計上すべき金額は、製造業者のその資産の取得価額の３分の２相当額から販売業者が取得に要した費用を控除した金額とすることができます。

具体例をあげれば、販売業者が製造業者から陳列ケースを120万円で取得したものとします。なお、陳列ケースの時価は240万円とします。

この場合、受贈益として計上しなければならない金額は、次の計算結果から40万円となります。

$$240万円 \times \frac{2}{3} - 120万円 = 40万円$$

これを、仕訳で示しますと、次のようになります。

（借）備品	160万円	（貸）現金	120万円
		（貸）固定資産受贈益	40万円

なお、受贈益の金額が30万円以下の場合には、受贈益を計上する必要はないとされています。

一方、陳列ケースを提供した製造業者は、この場合、販売会社に贈与した金額120万円（＝240万円－120万円）を繰延資産として計上し、陳列ケース（冷蔵・冷凍機付でない）の法定耐用年数８年の10分の７（１年未満の端数は切捨て、その年数が５年を超えるときは５年）を償却期間として償却することとなります。

Q14 船舶・航空機・車両運搬具の範囲は

Answer Point

♤船舶には、自走しないものも含まれます

♤常時搭載するものは、船舶等と一括して計上します

♠船舶というのは

船舶とは、水上でヒトを乗せたり荷物等を運搬するものをいいます。

船舶の法定耐用年数は、船舶法第４条〜19条の適用を受けるものとそれ以外のものに区分され、さらにそれぞれが、鋼船、木船等に区分されています。

では、船舶搭載備品の法定耐用年数はどのように区分されるのでしょうか。

これについても、まず、船舶安全法等により船舶に設置することが義務とされているものとそれ以外に分類し、設置が義務づけられている電信機器や救命ボート等は船舶と一括して船舶として計上することとなるため、その船舶の法定耐用年数によることとなります。

また、その他の備品以外の器具備品や機械装置で常時搭載するものについても、船舶と一括して船舶として計上することがいいでしょう。

しかし、特に不合理でないときには器具備品や機械装置として、適切な耐用年数を使用することも認められます。

♠自走しないものも船舶か

サルベージ船や工作船等は自走することはできませんが、これらのものも船舶として取り扱われます。

しかし、海上レストランのように外見や構造が船舶に類似していても、主として建物や構築物として使用することを目的として建造または改造されたものは船舶とはなりません。

♠航空機の法定耐用年数は10年・8年・5年

航空機のうち、飛行機の法定耐用年数は主として金属製のものとその他のものに区分され、主として金属製のものはその重量により10年、８年または５年とされ、その他のものは５年とされています。

また、飛行機以外の航空機、例えば、グライダーやヘリコプターの法定耐用年数は５年と定められています。

♠車両運搬具というのは

車両運搬具とは、地上でのヒトや荷物の運搬を主目的とするもので、電車、自動車、自転車、リヤカー等をいいます。車両運搬具であるかどうかは、自走能力の有無ではなく、その主目的により判断します。

したがって、消防車や救急車などの特殊自動車は車両運搬具とされますが、トラッククレーンやブルドーザー等の建設用の車両はヒトや荷物の運搬ではなく、現場での作業を主目的としていますので、車両運搬具ではなく機械装置として区分されます。

また、ロープウェイや観光用リフト等はヒトや荷物の運搬を主目的としていますので、車両運搬具とされます。

【図表25　車両運搬具と機械装置】

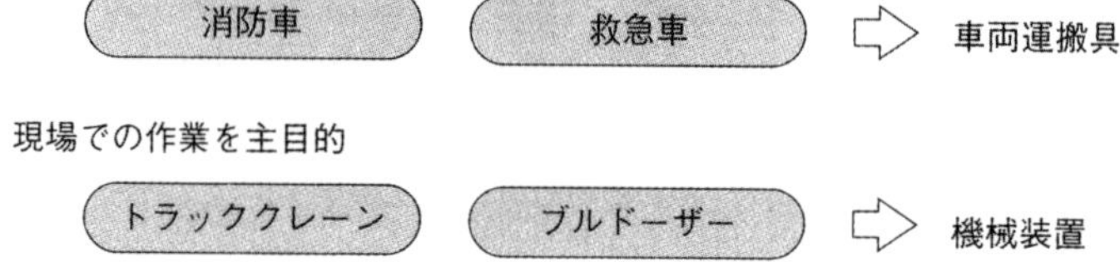

♠車両搭載の機器の取扱いは

車両に常時搭載するカーラジオ（カーナビゲーション）やカークーラー、スペアタイヤ等については、車両と一括して計上することになります。

♠常備する専用部品の償却は

航空機の予備エンジンや電気自動車の予備バッテリー等のように、減価償却資産を事業の用に供するために必要不可欠なものとして常備され、繰り返して使用される専用の部品については、航空機や電気自動車と一体のものとして減価償却することができるとされています。

ただし、専用部品といっても、予備エンジン等は、通常必要に応じて取り替えられ、繰り返し使用される性質のものですから、航空機本体と一体のものとして減価償却することが認められています。

したがって、補修部品のように繰り返し使用されず、使い捨てとなるような部品は、ここにいう専用部品には含まれず、実際に使用されたときに修繕費として処理すべきものです。

Q15 無形固定資産の範囲は

Answer Point

♤無形固定資産とは、その名前のとおり形としては存在しないが、長期にわたり企業の経営に利用されるもので、企業活動の収益獲得の要因となりうる法律上または事実上の権利をいいます。

♤税法では、漁業権、特許権、商標権、営業権、ソフトウエア等や様々な施設利用権があげられています。

♠無形固定資産の範囲は

財務諸表等規則では、無形固定資産の範囲としてのれん（営業権）、特許権、借地権、地上権、商標権、実用新案権、意匠権、鉱業権、漁業権、入漁権、ソフトウエアその他これに準ずるもととされていますが、借地権や地上権等は減価償却資産ではなく、また、法人税法での無形減価償却資産は、これら以外にダム使用権や水利権等が列挙されています。

漁業権とは、特定の水面において特定の漁業を営む絶対権であって行政庁の免許により設定され、定置漁業権、区画漁業権、共同漁業権に区分されます。

特許権とは、一般的にいう発明に与えられる権利で、特許庁への登録により発生します。

なお、発明とは自然法則を利用した技術的思想の創作のうち高度のものとされています。

商標権とは、一定の商品またはサービスについて使用する商標に対し与えられる独占的排他権で、特許権と同様に特許庁への登録により発生します。

営業権とは、法律上の権利ではないが、企業の長期にわたる社会的信用や特殊な製造技術等により他の企業を上回る収益を獲得することができる無形の事実関係のことで、のれんとも称されます。

ソフトウエアとは、コンピュータを機能させるように指令を組み合わせて表現したプログラム等のことです。

♠電話加入権も無形固定資産

電話加入権はNTTの固定電話を利用するための権利であり、売却可能であり、時の経過によっても劣化・陳腐化しないため無形固定資産の１つですが、減価償却はできません。

Q16 少額減価償却資産・一括償却資産ってなに・その区分は

Answer Point

♤少額減価償却資産とは、減価償却資産のうち使用可能期間が１年未満のものまたは取得価額が10万円未満のものをいいます。

♤少額減価償却資産に対応する減価償却資産については、減価償却は行わず、その取得価額全額を支出したときの費用として処理することができます。

♤令和４年度税制改正で、取得価額 30 万円未満の適用対象資産から貸付用のものは除外されることになりましたので、注意が必要です。

♠使用可能期間の判定は

使用可能期間が１年未満かどうかは、その企業の営む業種において一般的に消耗性のものと認識され、かつ、その企業の平均的な使用状況や補充状況等から判断することとなります。

したがって、同じものでも異業種やその企業の使用方法等により使用可能期間は異なるなるため、個々に判断することになります。

♠取得価額が10万円未満か否かの判定は

取得価額が10万円未満かどうかについては、その資産の通常の１単位ごとに判断されます。

応接セットで考えてみましょう。応接セットは通常、テーブルといくつかのイスで構成されており、その個々の値段も表示されています。

テーブルが４万円、３人掛イスが３万円、１人掛けイスが２万円の場合、１つずつを考えたときには、それぞれが10万円以下ですので、少額減価償却資産に該当するように思えます。

しかし、応接セットでの通常の１単位は、最低でもテーブル１個と３人掛イス１個、１人掛けイス２個セットと考えられますので、その購入価額は11万円となり、10万円を超えてしまいますので、少額減価償却資産には該当しません。

したがって、この場合には減価償却資産として法定耐用年数に従い、減価償却することとなります。

♠経理方法も取得価額の判定に影響

取得価額の判定の際には、会社が税込経理を採用しているか税抜経理を採用しているかのよっても異なります。

税込経理をしている場合には、消費税を含めた金額により、10万円未満かどうかを判断しますし、税抜経理をしている場合には、消費税を含めないで判断します。

♠一括償却資産というのは

一括償却資産とは、取得価額が20万円未満のもので、少額減価償却資産以外のものをいいます。

ただし、20万円未満の判断は、少額減価償却資産と同様に、その資産の通常の1単位ごとに判断し、経理方法についても考慮する必要があります。

♠償却は1年間に取得価額の3分の1ずつ

少額減価償却資産は、支出時に全額費用処理することができますが、一括償却資産は、通常の減価償却は行わず、どんな資産でも3年で償却します。

なお、月数按分はしませんので、いつ購入し事業の用に供したとしても1年に取得価額の3分の1ずつを償却することになります。

例えば、3月末決算の会社が、1月15日に300,000円で同じパソコンを2台購入したとします。この場合、パソコンは通常の1単位は1台ごとですので、1台の購入価額は150,000円（＝300,000円÷2台）であり、20万円未満ということになりますし、パソコンの使用可能期間は通常1年以上ですので、一括償却資産となります。

一括償却資産の場合の償却額は、いつ購入及び事業の用に供したとしても、償却額の計算には影響ありませんので、1期ごとの償却額は、100,000円（＝300,000円÷3年）となります。

♠売却後も償却は継続

一括償却資産は、3年で償却が終了しますが、3年内に売却した場合であっても、償却は継続されます。

通常の減価償却資産の場合は売却した時点で、未償却残高を費用処理するとともに売却価額の差額を売却損（売却益）としますが、一括償却資産の場合には、売却価額全額が売却益とし、未償却残高は当初の予定どおり3年間の償却となります。

Q17 即時償却の特例が適用できる減価償却資産は

Answer Point

♤中小企業者等は、１個（または１組）あたり30万円未満は即時償却ができます。

♤即時償却できる金額は、300万円が上限です。

♤損金経理と、申告書に別表十六（七）の添付が条件です。

♠即時償却の特例というのは

即時償却の特例とは、青色申告書を提出している中小企業者が平成18年４月１日から令和６年３月31日までに取得、製作し、かつ事業の用に供した減価償却資産のうち、１個（または１組）の取得価額が30万円未満のものは全額を即時償却することができるというものです。

ただし、特例を受けるためには、損金経理と法人税申告書に、別表十六（七）「少額減価償却資産の取得価額の損金算入の特例に関する明細書」を添付することを条件としています。

また、この特例は、税制改正があるたびに適用期限が延長され、現時点では令和６年３月31日まで適用されます。

♠即時償却できる金額には上限がある

即時償却の対象とする減価償却資産は、１個または１組の取得価額が30万円未満であれば、選択は自由です（少額減価償却資産及び一括償却資産としたものは除きます）。

しかし、１事業年度で、即時償却できる金額は、選択した減価償却資産の取得価額の合計額300万円が上限となっています。

この上限の300万円とは、１個あたり取得価額30万円未満の減価償却資産の中から会社が選択して、その選択した減価償却資産の取得価額が300万円を超えることができないということで、金額として300万円まで即時償却できるというものではありません。

例えば、１事業年度内購入した１個あたりの取得価額が30万円未満の減価償却資産が29万円の減価償却資産11個のみだった場合、即時償却の対象となる減価償却資産の合計額は319万円ですが、そのうち290万円（＝29万円×10

個）が即時償却できる金額となります。

そして、残りの１個については、取得価額の20万円以上ですので、少額減価償却資産や一括償却資産にも該当せず、通常の減価償却によることになります。

ただし、当該事業年度が１年未満の場合には、次の計算式による金額が上限となります。

なお、300万円の上限規定は、平成18年４月１日移行取得した資産に適用されますが、それ以前の取得分には上限規定はありません。

$$上限額 = 300万円 \times \frac{当該事業年度の月数}{12}$$

当該事業年度の月数は暦により計算し、１か月に満たない端数が生じた場合には切り上げます。

♠中小企業者等の範囲は

中小企業者とは、中小企業者及び農業協同組合等のことをいい、さらに中小企業者は次の(1)(2)のいずれかに該当する法人をいいます。

(1) 資本または出資金額が１億円以下の法人で、同一の大規模法人の持株割合が２分の１未満の法人または２以上の大規模法人の持株割合が３分の２未満の法人

(2) 資本や出資を持たない法人のうち、常時使用する従業員が1,000人以下の法人

なお、大規模法人とは、資本金等が１億円を超える法人または、資本等を持たない法人で常時使用する従業員が1,000人を超える法人をいいます。

また、農業協同組合等とは、農業協同組合、農業協同組合連合会、中小企業等協同組合、出資組合である商工組合及び商工組合連合会、漁業協同組合、漁業協同組合連合会等をいいます。

♠取得価額の消費税の取扱いは

即時償却の特例の対象となる減価償却資産の取得価額は、30万円未満となっていますが、この場合の消費税の取扱いについては、会社が選択している経理方法によります。

会社は、税込経理を採用している場合には、税込金額により取得価額が30万円未満かどうかを検討することとなり、税抜経理を採用している場合には、税抜金額により検討することとなります。

Q18 減価償却資産の取得価額の決め方

Answer Point

♤取得価格は、固定資産を取得するのにかかった費用をもとに決定します。

♤取得価格の決定は、公平性を持った価格で決定されるべきです。

♤減価償却資産の種類や取得の形態（購入・自家建設・交換・贈与または無償取得・現物出資・成育等）によって、価格の決定を行います。

♠取得原価と取得価額の違いは

固定資産を購入する場合、当該固定資産の本体の価格のみならず、その固定資産を事業の用に供するために必要な据付費や試運転費、運賃、登記費用、等の費用が必要になります。通常、前者を購入代価といい、後者を付随費用といいます。

取得価額とは、購入代価に付随費用の合計金額のことであり、取得原価の基礎となる価額をいいます。

取得原価とは、貸借対照表に記載される金額をいいます。

取得価額の決定にあたっては、原則として固定資産を取得するのにかかった費用の総額を取得価額に算入します。

付随費用については、その一部または全部を取得価額に含めないことができます。

一方で、減価償却資産は、取得後一定の方法でその固定資産の利用期間にわたって、減価償却を通じて費用化されるものであり、取得原価はその基礎となる数値になります。そのため、取得原価の決定は、今後の企業の期間損益計算や、課税所得の計算に重要な影響をもたらすとともに、当該資産の評価の基準となることから、その原価の決定においては、慎重に検討する必要があります。

このため、減価償却資産の取得原価については、慎重かつ公平性を持った価格で決定されるべきです。

このため、固定資産の取得価額の決定は、今後の資産の評価及び、利益の計上に大きく影響することから、慎重にかつ公平性をもった価格で決定されるべきものです。

♠減価償却資産の取得価額の決定は

上述のように、減価償却資産の取得価額の決定には、慎重かつ公平性が必要ですが、一方で減価償却資産の取得の態様は様々な方法があります。

しかし、今後の利益計算や資産の評価においては、取得の形態が異なったとしても、一定の評価基準で決定されるべきであり、取得形態の相違によって、取得価額が変わることがないようにする必要があります。

減価償却資産の取得価額は、取得の形態の相違に応じて算定されますが、取得の様態別にあげると、図表26のとおりになります。

【図表26　固定資産の取得価額の決定】

形　　態	取得価格の決定
①　購入	固定資産を外部の第三者から購入する取得形態で、取得したものそのものの代価（購入代価）に取得に要した費用を加算して決定します。 この際、実際に現金等の出金だけでなく、未払金を含めた確定した金額が購入代価になります。
②　自家建設	自家建設とは、自社でその固定資産を製造及び組立を行う場合であり、購入した固定資産に、なんらかの手を加える場合も含みます。 この場合は、部品等の購入代価に適正な原価計算基準によって計算された社内経費を加算して購入代価になります。 また、ソフトウエアのように、形のないものであっても社内で開発した場合は、その開発にかかった費用が取得価額になります。
③　交換	交換とは、既存で保有している資産を放出する代わりに、新規に固定資産を取得する場合をいいます。中古として下取りをしてもらった場合も該当します。 この場合は、交換で譲渡した資産の適正な帳簿価額が交換された資産の取得価額になります。 なお、供出資産だけでなく、差額を支払った場合は、両者を合算した価額となります。
④　贈与または無償取得	固定資産を外部の第三者から、譲り受けたにも関わらず、対価の支払いをしない場合をいいます。この場合の取得価格は、通常当該資産の公正な評価額を持って取得価額にします。 公正な評価額とは、当該資産の再調達価格であったり、鑑定評価による価格を用いることもできます。
⑤　現物出資	出資者に対して交付した株式の発行価額を取得価額にします。 通常、現物出資に対する株式の発行は、当該資産の公正な評価額を基準に発行価額が決定されることから、現物出資により受け入れた資産の取得価額は、上述の公正な評価額を示していることが多いのです。
⑥　成育	牛、馬や生物の場合、出産等によって固定資産が増加する場合があります。 この場合の取得価額は、適正な購入価額に種付費及び出産費の額ならびに当該取得をした牛馬などの成育に要した飼料費や労務費を算入します。

Q19 取得価額の消費税の扱いは

Answer Point

♤取得した資産の消費税は、取得した年度に課税仕入にかかる消費税として処理されます。

♤取得時の取得価額の付随費用のうち、資産の譲渡や役務の提供等に該当しないものは、課税仕入控除の対象となりません。

♤土地付建物の場合は、建物部分のみが仕入控除の対象となります。

♠税抜経理のときは固定資産の取得原価に消費税は含まれない

一般的に、資産を購入した場合は、課税仕入等を行った日の属する課税期間において費用化されるため、仕入税額控除を行います。

これに対して、減価償却資産の場合は、耐用年数に応じて費用化されるものであり、また、事業の用に供するときをもって減価償却が行われます。しかし、仕入税額控除は、費用化される期間に関係なく、購入等を行った時点で行われます（消費税基本通達11-3-3）

しかし、税込経理を行っていた場合には、固定資産の取得価額には消費税は含まれることになります。

♠課税仕入等の対象となる範囲は

消費税法では、消費税の計算で課税仕入にかかる消費税は、課税売上にかかる消費税から控除することができるため、課税仕入に該当するか否かを厳格に定義しています。

すなわち、課税仕入にかかる消費税として、認められるためには、当該取引が課税仕入の対象に該当するか否かであるかで判断されます。

ここで、消費税の課税対象に該当するものは、国内で①事業者が事業として、②対価を得て行う、③資産の譲渡、貸付及び役務の提供と、④外国貨物の輸入です。すなわち、課税仕入の対象となるためには、国内取引の場合、資産の譲渡に該当するかがポイントになります。

通常、固定資産を購入した場合、取得価額には、購入代価に付随費用を加算して計算されます。購入代価については、当該固定資産の本体の購入であることから、資産の譲渡に該当しますが、問題は付随費用が問題となります。

固定資産の取得価額には､購入代価に附随費用を加算して計算されますが､この付随費用に該当するものとしては、仲介手数料、司法書士の報酬、司法書士に払う登録免許税、不動産取得税、未経過部分の固定資産税、テナントの立退料などが考えられます。

しかし、消費税の課税仕入の対象は、譲渡が対象であり、付随費用の中で譲渡に当てはまらないものについては、課税対象仕入となりません。

課税対象仕入にならない付随費用と考えられているものとして、登録免許税、不動産取得税、テナントの立退料は、課税対象仕入として控除することはできません。

♠建物と土地を一括購入したときは

建物と土地を同時に同一の者から、購入した場合は、土地は、課税対象資産に該当しません（消費税法６条１項）ので、同時購入の場合で、内訳不明のときは、建物部分と土地の部分に分けなければなりません。

この分割については、通常の取引価格を基礎として、

(1) 譲渡時における時価の比率により按分する方法

(2) 相続税評価額や固定資産税評価額を基礎として計算する方法

(3) 土地及び建物の減価を基礎に計算する方法

等があります。

当然のことながら、付随費用も分割されることになります。付随費用の中で課税と考えられている未経過部分の固定資産税については、土地にかかる部分に関しては課税対象仕入には該当しません。

通常、仲介手数料や、司法書士に払う報酬は分割ができないことから、全額課税対象仕入として取り扱うことができます。

【図表27　付随費用】

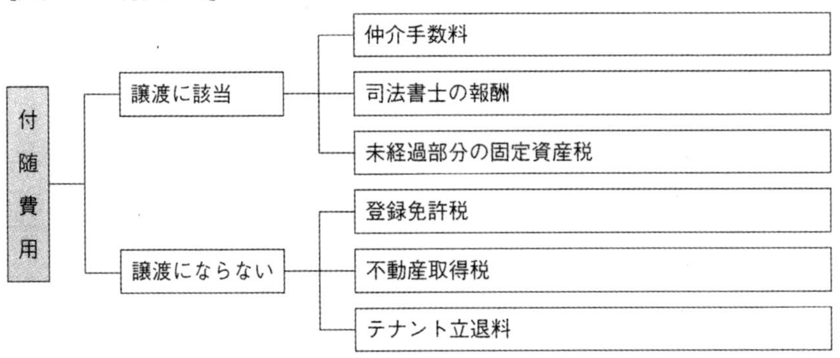

Q20 適格組織再編のときの取得価額は

Answer Point

♤税制適格による組織再編では、引継資産は当初の取得価額、残存価額、耐用年数が引き継がれます。

♤平成10年４月以前取得の建物についても、償却方法は引き継がれます。

♤複数事業所がある場合は、事業所ごとに償却方法を選択することができます。

♠税制適格による組織再編での資産引継は

企業グループ内の組織再編成により税制適格であるものに関しては、支配継続しているものして、資産及び負債は帳簿価額で引き継がれ、組織再編に伴う資産の移転に関して譲渡損益を認識しません。

すなわち、適格組織再編では、固定資産の取得価額を引き継ぐものについては、当該資産を帳簿価額で譲渡したものとみなされます。

したがって、資産の取得価額、残存価額、耐用年数、取得日をそのまま引き継ぐことになります。

♠移転を受けた資産の取得価額は

適格合併が行われた場合、その事業の展開の都合上、店舗や工場、事務所等の統廃合が行われることがあります。また、建物や土地等所有権について、登記されているものについては、所有名義の移転の登記費用等も必要になります。いわゆる、適格組織再編により固定資産の取得価額に、追加の付随費用が発生することになります。

適格合併等により、移転を受けた減価償却資産の取得価額は、次の(1)、(2)の合計で求められます。

(1)　被合併法人の取得価額

(2)　合併法人または、分割承継法人がその資産を事業の用に供するために直接要した費用

これらの計算は、通常の固定資産を購入した際の計算と同様であり、これら費用の全部または一部を、付随費用として当該固定資産の代価に加算して、取得価額とされ当該資産とともに減価償却されます。

♠移転を受けた資産の減価償却は

適格組織再編により取得した資産については、固定資産については、取得価額、残存価額、耐用年数等旧来の帳簿価額そのままを引き継ぐことになっています。

このため、当然に、移転を受けた資産の減価償却についても、旧来の耐用年数、償却方法が踏襲されることになります。

♠建物の償却方法は

平成10年度税制改正により、平成10年４月１日以降に取得した建物の償却方法については、定額法のみの適用になりました。

しかし、適格組織再編の場合、取得日も引き継がれることから、平成10年３月31日以前に取得した建物については、平成10年度税制改正にかかわらず、従前の法人の償却方法を引き継ぐことになります。

♠償却方法の変更は

償却方法については、通常事業所ごとにその減価償却の方法を届け出ることにより、複数の減価償却の方法の中から選択することが可能です。このため、移転を受けた法人と移転を受ける前の法人の減価償却方法が異なる場合があります。

この場合は、原則として、移転を受けた法人の償却方法に合わせることになります。

これは、存続する会社に資産が譲渡されたという観点からの処理です。

一方で、減価償却の方法の選択は、事業所ごとや、船舶ごとなど一定の組織単位ごとに選択することが可能です。このため、同一種類の償却資産であったとしても、事業所等が異なることで、異なった償却方法を選択することが可能です。

適格組織再編により、２以上の事業所や２以上の船舶が存在することになった場合は、上述のように、事業所ごとに複数の減価償却の方法を採用することができます。

この場合は、事業所や船舶単位で、「減価償却資産の償却方法の届出」を事業年度の申告書提出期限までに提出すれば、従前の償却方法を採用することもできます。

Q21 資本的支出に関する取得価額の特例は

Answer Point

♤原則として、既存資産とは別個に取得した資産として償却計算します。

♤大きく分けて３種類の特例処理が認められます。

♠資本的支出の処理原則

平成 19 年度税制改正では、残存価額が廃止され、新しい償却方法を適用する資産（平成 19 年 4 月 1 日以降取得減価償却資産）は、耐用年数を経過した時点で、帳簿価額が 1 円（備忘価額）となるまで、償却することができるようになりました。

また、定率法を採用する場合には、償却保証額が調整前償却額を上回ることとなる事業年度から償却限度額の計算方法が定額法に切り替わることとなったのも 19 年度改正です。

償却保証額の計算は、取得価額に保証率を乗じたものですので、定額法への切替えを適時に行うためには、減価償却資産の取得価額を変更しないことが好ましいといえます。

既存の減価償却資産に対して資本的支出を行った場合、19 年度改正以前は、資本的支出を行った既存の減価償却資産の取得価額に資本的支出となる支出額を加えた金額を、資本的支出後の取得価額としました。

しかし、平成 19 年 4 月 1 口以降に資本的支出を行った場合は、その資本的支出は、既存の減価償却資産と種類や耐用年数が同一の減価償却資産を新しく取得したものとするという特例が定められました。

つまり、平成 19 年 3 月 31 日以前に取得した既存の減価償却資産に対し、資本的支出が平成 19 年 4 月 1 口以降に行われたものであるなら、既存の減価償却資産は旧制度により減価償却計算を行い、資本的支出部分については、現行制度による減価償却計算を行いますが、その一方、平成 19 年 4 月 1 日以降に取得した減価償却資産に対して、平成 19 年 4 月 1 日以降に資本的支出を行った場合は、既存の減価償却資産と資本的支出部分をそれぞれに現行制度を適用した減価償却計算を行います。

したがって、この特例により平成 19 年 4 月 1 日以降に資本的支出を行ったとしても既存の減価償却資産の取得価額は変化しないこととなります。

また、この方法は、この特例での基本的処理方法であり、既存の減価償却資産が新償却方法適用資産や平成19年３月31日以前に取得した旧償却方法適用資産であっても、また減価償却方法としてどのような方法を選択していたとしても適用されることとなります。

ただし、例外として以下にあげる３つの場合には、それぞれの方法を適用することもできます。

なお、資本的支出とは、減価償却資産に対する通常の維持管理や現状維持のための支出ではなく、使用可能期間の延長や対象となる減価償却資産の価値を増加させることとなる支出のことをいいます。

また、事業年度の途中で資本的支出を行った場合には、その資本的支出部分についての償却費は、事業供用した日から期末日までの月数で按分計算します。

$$\text{資本的支出部分の償却限度額} = \text{資本的支出のその事業年度の償却限度額に相当する額} \times \frac{\text{事業供用日から事業年度末の月数}}{\text{その事業年度の月数}}$$

♠平成19年３月以前取得の既存減価償却資産に資本的支出を行ったときは

平成19年３月31日以前に取得された既存の減価償却資産に資本的支出を行った場合、資本的支出を行った事業年度において、従来どおり、既存資産の取得価額に、資本的支出を加算することができます。

この加算を行った場合は、既存の減価償却資産の種類、耐用年数及び償却方法に基づいて、加算を行った資本的支出部分も含めた減価償却資産全体の償却を行っていきます。

そのため、資本的支出が平成19年４月１日以降に行われたものであっても、旧定額法、旧定率法で償却計算をすることになります。

また、いったんこの方法を選択した場合には、翌事業年度以降において、当該資本的支出の処理方法を基本的な方法に変えることはできません。

♠平成19年４月以降取得資産で定率法採用の既存減価償却資産に資本的支出を行ったときは

平成19年４月１日以降に取得した資産で、新定率法を採用している既存資産に資本的支出を行った場合には、資本的支出を行った事業年度の翌事業年度の開始時に、既存資産の帳簿価額と資本的支出部分の帳簿価額との合計額

【図表28　平成19年4月1日以降に資本的支出を行った場合】

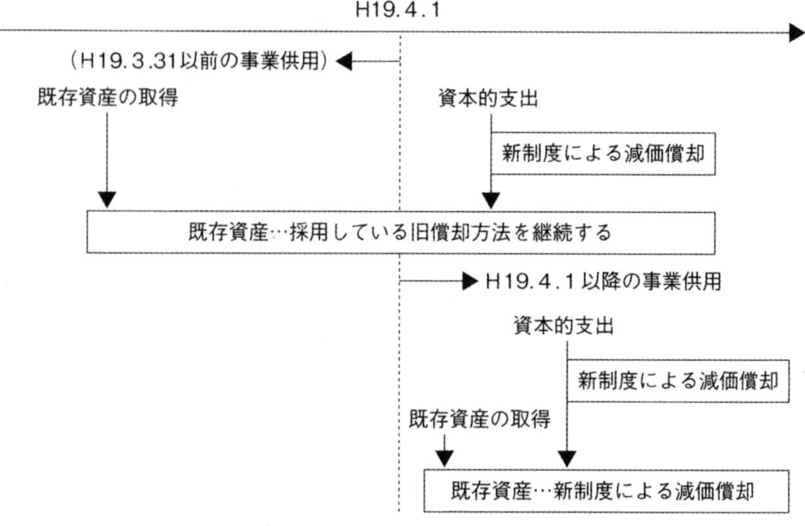

【図表29　平成19年3月以前取得の既存減価償却資産の資本的支出】

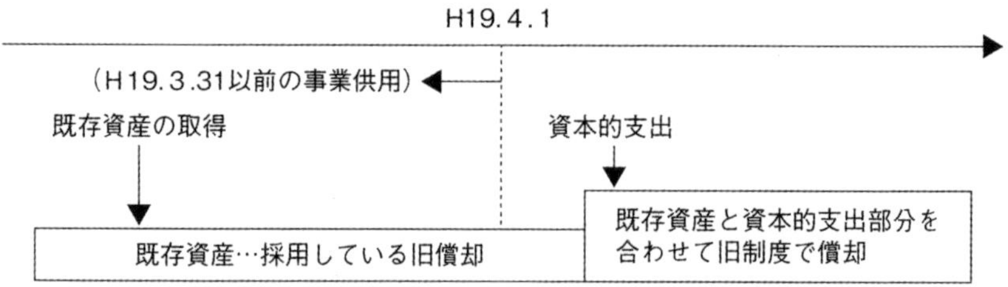

を取得価額とする新たな資産を取得したものとすることができます。

この場合、翌事業年度開始の日を取得日として、既存資産の種類及び耐用年数に基づいて償却を行います。

なお、いったんこの方法を選択した場合には、翌々事業年度以降において、当該資本的支出の処理方法を基本的な方法に戻すことはできません。

♠事業年度内に複数回の資本的支出を行ったときは

事業年度内に複数回の資本的支出を行った場合に、その資本的支出について新定率法を採用し、かつ、個々の資本的支出について上記の特例処理を適用しない場合は、その資本的支出を行った事業年度の翌事業年度開始時に、その資本的支出のうち種類及び耐用年数を同じくするものの当該開始時の帳簿価額の合計額を取得価額とする1つの減価償却資産を新たに取得したものとすることができます。

この場合、翌事業年度開始の日を取得日として、既存資産と同じくする種類及び耐用年数に基づいて償却します。

【図表30　平成19年４月以降取得資産で定率法採用の既存減価償却資産の資本的支出】

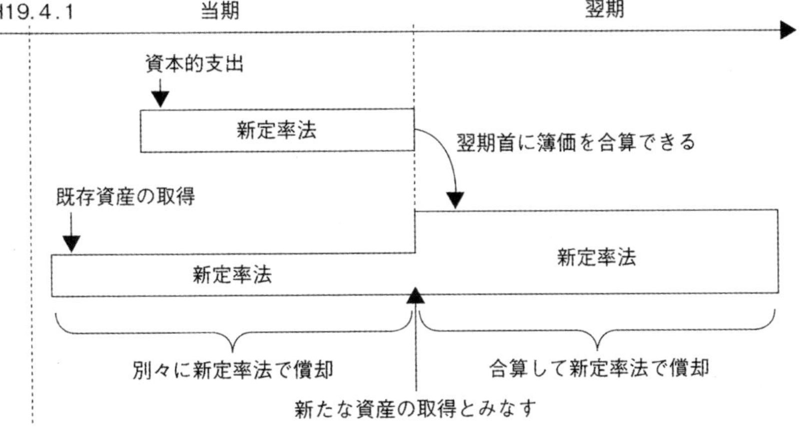

既存資産に合算する資本的支出の組合せ、資本的支出間の組合せは、選択的に行うことができます。例えば、全部の資本的支出を既存資産に合算することもできますし、一部の資本的支出のみを既存資産に合算することもできます。

また、同一事業年度内の資本的支出同士の全部を合算することもできますし、一部の資本的支出同士を合算することもできます。ただし、一旦合算をした組合せで翌事業年度に償却費の計上を行った場合には、翌々事業年度以後において、他の組合せに変更することはできません。

【図表31　事業年度内に複数回行った資本的支出】

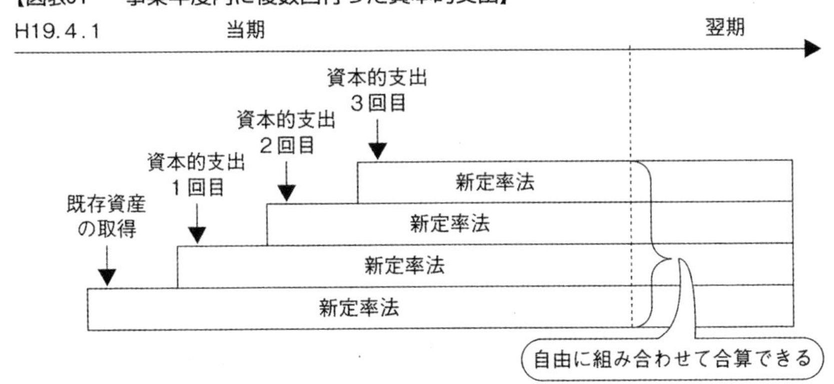

Q22 資本的支出と修繕費の区分は

Answer Point

♤使用可能期間の延長や価値の増加は、資本的支出となります
♤修繕費は、通常の修理や現状回復のための費用です

♠定期的な減価償却資産の維持管理や改良で発生する費用は

減価償却資産の大半は使用や時の経過に伴い、故障や破損が発生します。これらの発生を抑えるためには、定期的な減価償却資産の維持管理や改良を行う必要があります。

このとき、支出した金額が費用処理できる修繕費にあたるのか、それとも減価償却資産として資産計上することとなる資本的支出としてとらえるかが問題となります。

それは、建物等や高額な機械等に対する支出の場合には、多額の支出となるため、その全額が支出時の費用となるか、減価償却の対象となるかで、企業の利益や税金額に大きな影響を及ぼすこととなるからです。

つまり、修繕費として処理することができた場合には、支出した全額がその期の費用として処理されることとなります。

しかし、資本的支出と判断され減価償却の対象となった場合には、減価償却資産として処理され、その期に減価償却費として計算された金額のみが費用となります。

したがって、利益額を圧縮できる金額が支出した全額となるか、減価償却費のみとなるかは、修繕費として処理するか、資本的支出として減価償却資産処理するかによることとなります。

【図表32　減価償却資産の修理・改良等の費用】

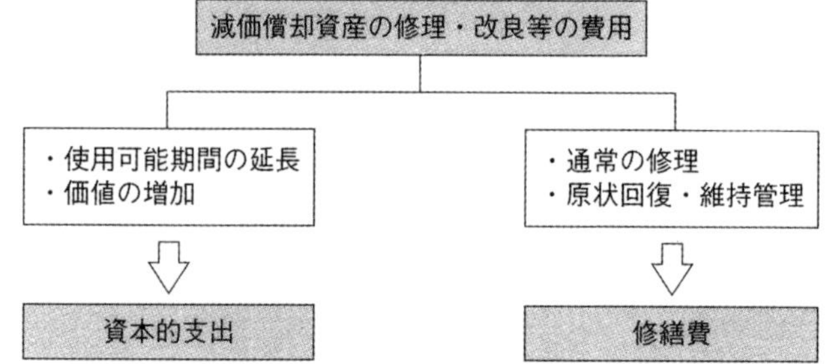

♠資本的支出というのは

資本的支出とは、通常の維持管理や現状維持のための支出ではなく、使用可能期間の延長や価値の増加にあたる支出のことです。

具体的な例としては、図表33のようなものがあげられます。

【図表33　資本的支出に該当する例】

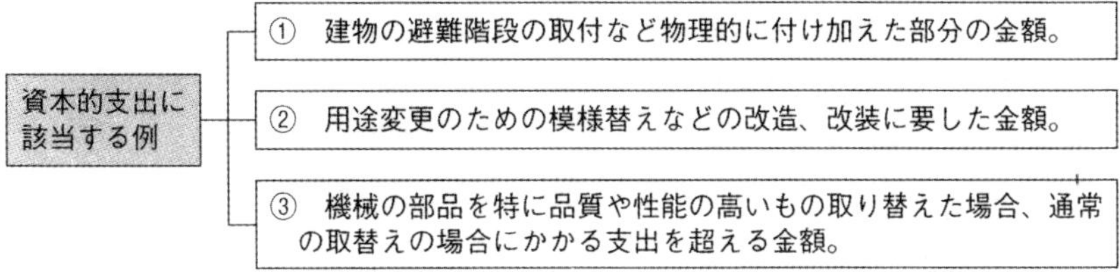

資本的支出に該当する例
① 建物の避難階段の取付など物理的に付け加えた部分の金額。
② 用途変更のための模様替えなどの改造、改装に要した金額。
③ 機械の部品を特に品質や性能の高いもの取り替えた場合、通常の取替えの場合にかかる支出を超える金額。

♠修繕費というのは

修繕費とは、減価償却資産を今までと同様に使用するため支出するもので通常の修理、維持管理等のための費用をいいます。

具体的な例としては、図表34のようなものがあげられます。

【図表34　修繕費に該当する例】

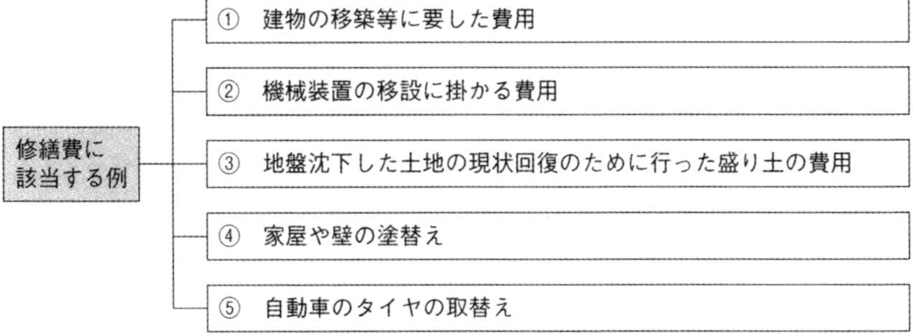

修繕費に該当する例
① 建物の移築等に要した費用
② 機械装置の移設に掛かる費用
③ 地盤沈下した土地の現状回復のために行った盛り土の費用
④ 家屋や壁の塗替え
⑤ 自動車のタイヤの取替え

♠資本的支出と修繕費の区分は難しい

判断する場合の大まかな判断としては、壊れた部分の修繕や現状維持するための費用は修繕費であり、改良や性能アップのための支出は資本的支出となります。

例えば、自動車の修理で窓が割れたので修理したり、ブレーキの利き方が悪くなったのでブレーキパッドを取替えるのは、修繕費ですが、窓ガラスを防弾ガラスにしたりすることは、資本的支出にあたります。

資本的支出と修繕費の区分の判断基準は

Answer Point

♤基本的には、実質により区別する必要があります。

♤60万円未満であれば、修繕費となる可能性が大です。

♤修理や改造の支出が資本的支出にあたるのか、修繕費にあたるのかの判断は大変難しく、明らかでない場合、税法では判定基準で判断することとなります。

♠まず支出した金額で判断

まず、１つの修理、改良等の費用として支出した金額が20万円未満または３年以内の期間を周期として行われる支出である場合や修繕費であることが明らかな場合には、その支出は修繕費として処理することが認められます。

次に、その支出が20万円以上で３年以内の期間を周期とした支出でなく、資本的支出か修繕費かが明らかでない場合には、その支出が60万円未満であるか、支出の対象となった固定資産の前期末取得価額の10％以下であるかにより判断し、60万円未満または10％以下のときには修繕費とすることができます（図表35)。

ただし、前期末取得価額とは原始取得価額に資本的支出を加えたものをいいます。

♠継続して７：３区分基準を適用していれば

上記の判断では、依然判断できない場合には、７：３基準を適用します。７：３基準とは、その支出した金額の30％と支出の対象となった固定資産の前期末取得価額の10％とを比較していずれか少ない金額を修繕費とし、残額を資本的支出とする基準です。

ただし、この基準を適用するには、その企業が継続的に７：３区分基準を適用していることが前提となりますので、適用していない場合には実質判定によって区分することになります。

♠災害時の支出は修繕費となりやすいか

災害により被害を受けた減価償却資産（被災資産）の支出を区分する場合、

【図表35　資本的支出と修繕費の判定】

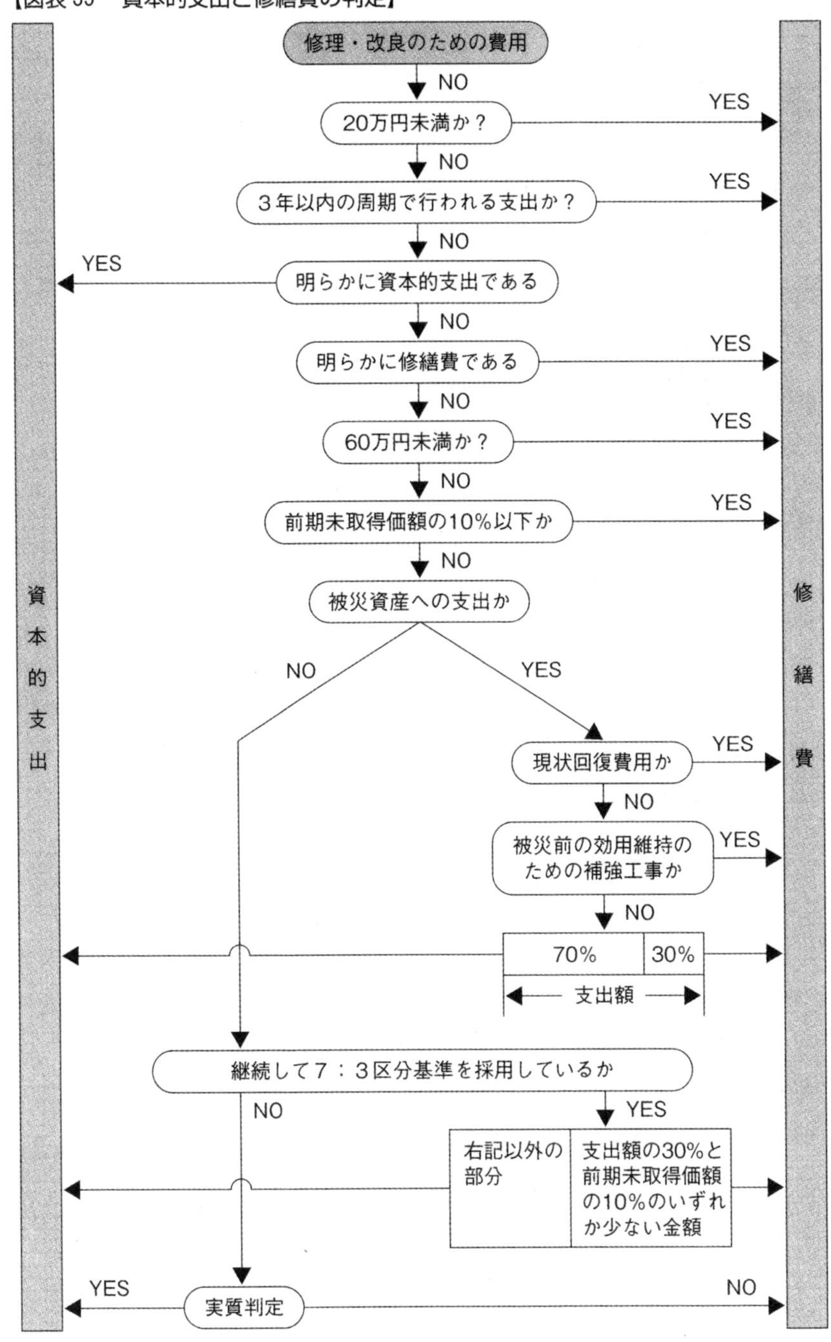

図表36の基準に合致するときは修繕費に認められます。

【図表36　修繕費に認められる場合】

修繕費に認められる場合	
	①　被災資産の原状回復のための支出である場合。
	②　被災資産の被災前の効用を維持するための補強工事費等の場合。

また、原状回復や被災前の効用維持の補強工事でない場合には、明らかに資本的支出である場合を除き、支出額の30％を修繕費、70％を資本的支出とすることが認められます。

♠資本的支出と修繕費の判定における被災資産への支出は

被災資産への支出の場合には、図表37の点について注意する必要があります。

【図表37　被災資産への支出にあたっての注意点】

被災資産への支出にあたっての注意点	
	①　被災資産である固定資産について被災後の時価まで評価損を計上した場合には、その後の固定資産の復旧のための費用は、すべて資本的支出となります。
	②　「災害前の効用維持のための補強工事」には、二次災害を回避する目的で行われる補強工事や排水または土砂崩れの防止のための費用が含まれます。
	③　修繕費として処理できる復旧費用であるか、新たな資産の取得のための支出であるかどうかは、資産の種類ごとに、かつ構造・機能が一体となっているものごとに判定することになります。
	④　被災資産の復旧に代えて資産を取得、または特別の施設を設置するための支出は、その支出が損壊等をした資産の被害前の効用を維持するために行う施設の設置のためのものである場合には、修繕費となります。
	⑤　アーケード等の共同的施設の設置分担金のように固定資産の利用を目的として支出された費用等で繰延資産としていたものについては、その固定資産の滅失に伴い、その費用の効果も消滅するので、その消滅時における繰延資産の未償却残高はその期に全額は償却されることとなります。 しかし、その固定資産につき修繕が見込まれている場合には、その修繕によって固定資産の使用可能期間も維持され、繰延資産とした支出金額の効果も従前と同様となることから、その利用を目的としていた固定資産が滅失した場合のように未償却残高全額を償却する処理は認められません。ただし、固定資産の修繕に要した費用にかかる分担金については修繕費として処理することとなります。

Q24 中古償却資産の取得価額は

Answer Point

♤中古資産も新品資産も、取得価額の計算の方法は同一です。

♤企業グループ内の固定資産の売買、合併による中古資産の受入れ等先方の帳簿価額が判明している場合には、その帳簿価額を利用することが多いです。

♠中古資産の取得価額の計算は

中古償却資産を取得しても新品の資産を取得しても取得価額に変更はありません。

資産の取得は、通常当該資産の購入代価に取得に関する付随費用を加算して決定されます。

購入側の対価の決定については、当該資産のいわゆる時価を考慮に入れて計算する必要があります。あまりにも世間相場を離れての取得は、その取得価額と時価の差額が贈与として認定されることもあります。

♠中古資産の取得価額の決定は慎重に

中古資産の取得価額は、その取得に対して支払った対価を持って計上されます。その後、中古資産の場合は、耐用年数に関して特別な計らいがありますが、その耐用年数と並んで、取得価額は今後の減価償却や今後の企業の損益に影響を与えることになることから、慎重に決定しなければなりません。

♠先方の帳簿価額に合わせること

企業グループ内の資産の移動においても、資産の受入法人は中古資産の取得となります。また、合併等において合併会社の場合は、被合併会社から資産を引き継ぐことであり、この資産も中古資産として扱われます。

これら、両者とも、相手会社の帳簿価額を知ることができ、また、この取引に関して、利益の計上は、特に企業グループの場合、内部取引にかかる未実現利益の控除にも影響を及ぼすことになります。

また、合併の場合、通常は合併会社の帳簿価額を引き継ぐときはその価額で、時価に変更するときは当該時価を持って、取得価額となります。

有形減価償却資産の耐用年数の適用は

Answer Point

♤有形減価償却資産の耐用年数は、資産の種類に応じて該当する耐用年数表にもとづいて判断します。

♤有形減価償却資産を、建物、建物附属設備、構築物、船舶、航空機、車両及び運搬具、工具、器具及び備品、機械及び装置に分けます。

♠減価償却の対象となる有形固定資産は

有形固定資産のうち、建物等の建設中のものを示す建設仮勘定や、土地については、利用期間に応じた資産そのものの減価が生じませんので、実施しません。そのため、有形固定資産の中で、減価償却を実施する資産をまとめて、有形減価償却資産といいます。

有形減価償却資産の減価償却を行うには、当該資産がどのくらいの年数が事業の用に供することが可能か、利用可能年数を判断します。この有形減価償却資産の利用可能年数のことを耐用年数といいます。

通常、耐用年数については、税法上の法定耐用年数を利用するケースが多く、減価償却資産の耐用年数等に関する省令別表を利用します。省令においては、資産の種類によって８種類の耐用年数表が用意されています。

【図表 38　耐用年数表】

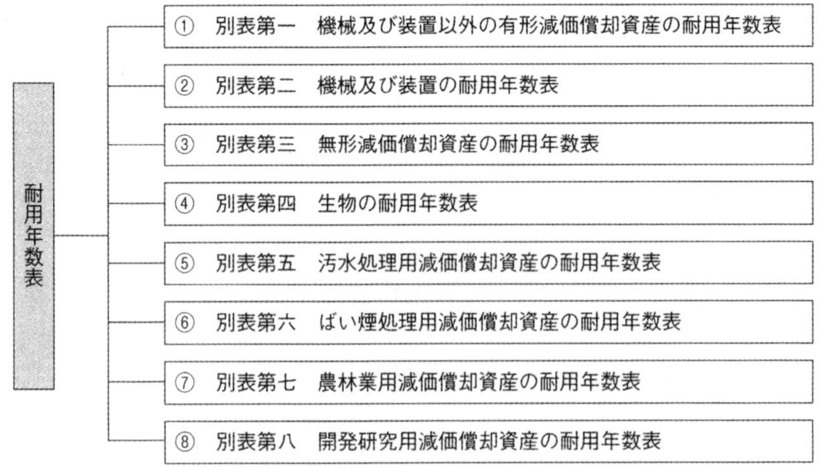

♠有形減価償却資産の分類は

法人税法上有形減価償却資産を、資産の償却に応じて建物、建物附属設備、構築物、船舶、航空機、車両及び運搬具、工具、器具及び備品、機械及び装置、生物に分けます。

耐用年数表は、機械及び装置、生物とそれ以外の資産に分類し、機械及び装置以外の資産については『別表第一　機械及び装置以外の有形減価償却資産の耐用年数表』を利用し、機械及び装置は『別表第二　機械及び装置の耐用年数表』を、生物については「別表四　生物の耐用年数表」を利用します。

♠機械及び装置以外の耐用年数表の利用上の留意点は

「別表第一　機械及び装置以外の有形減価償却資産の耐用年数表」の利用にあっては、当該資産を①資産の種類、②構造又は用途、③細目の区分に従って、耐用年数を検索します(図表39)。

実際の減価償却の計算には、耐用年数に基づいた償却率を利用して行われます。このため、当該資産に合致する耐用年数をみつけたら、定率法、定額法（税務署に届けた場合）の償却率を見つけます。

なお、平成19年度の税制改正により、償却限度額が変更になっていることから、償却率は、平成19年４月１日以前に取得した資産用と平成19年４月１日以降に取得した資産用の２つの区分があり、それぞれに、定率法用と定額法用が用意されています。

なお、平成19年４月１日以前に取得した資産については、「旧定額法年率」または「旧定率法年額」の償却率を利用します。

【図表 39　耐用年数の検索】

項目	説明
①　種類	処理された勘定科目ではなく、その対象物の種類に応じて、減価償却資産を建物、建物附属設備、構築物、船舶、航空機、車両及び運搬具、工具、器具及び備品の8種類の分類に従って分類します。
②　構造または用途	8つの種類に分類された当該資産は、その後、その構造または用途によってさらに細分化されます。
③　細目	細目については、最終的に対象資産の形状に合致するものを検討します。 耐用年数表においては、代表的な資産が記載されており、そのいずれにも合致しない場合は、その他のものとして耐用年数を決定します。

Q26 建物・建物附属設備の耐用年数の適用は

Answer Point

♤建物の耐用年数は、建物の構造によって区分されています。

♤建物附属設備の耐用年数は、附属設備の内容または用途によって区分されています。

♤建物と附属設備に分類できない場合は、一括して建物の耐用年数を利用します。

♠建物というのは

建物とは、事業を行ううえで、長期間利用するビル、店舗、工場、倉庫をいい、土地の上に存在する外壁、屋根等で遮断されている構造物です。

建物については、「構造または用途」及び「細目」を基準として、耐用年数を定めています。

構造とは、建物そのものの構造を指し、鉄骨鉄筋コンクリート、金属造、木造などの区分を基準に肉厚等の条件をふくめ、図表40のように8種類に分類されています。

減価償却は、建物がどの構造に属するのか主要部分が、どのような構造で構成されているのかにより区分します。

【図表40　建物の「構造または用途」による区分】

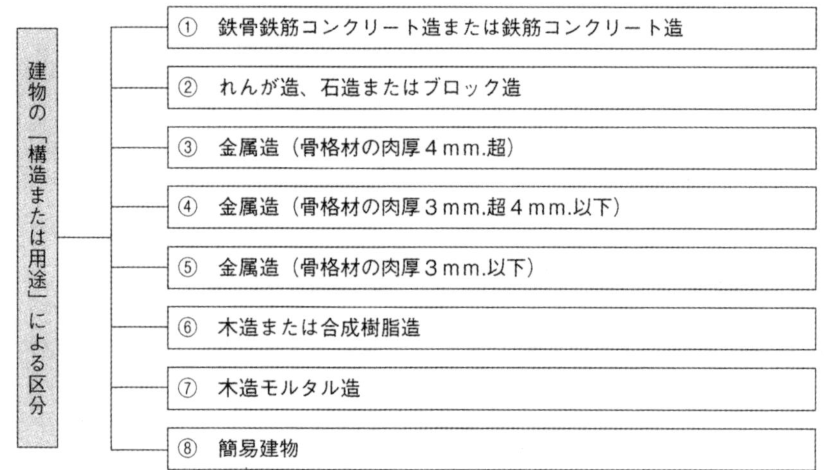

建物の「構造または用途」による区分
① 鉄骨鉄筋コンクリート造または鉄筋コンクリート造
② れんが造、石造またはブロック造
③ 金属造（骨格材の肉厚４mm.超）
④ 金属造（骨格材の肉厚３mm.超４mm.以下）
⑤ 金属造（骨格材の肉厚３mm.以下）
⑥ 木造または合成樹脂造
⑦ 木造モルタル造
⑧ 簡易建物

細目とは、建物の使用目的であり、事務所用、店舗用、工場用などを基準に、決定します。これは、使用の目的により、建物の減耗の度合いが異なることから、耐用年数を変化させています。

♠ビル全体が建物ではない

ビルや倉庫は、その建物本体と電気設備や、給排水設備等の附属設備が一体となって、その役目を果たしています。また、取得においても、その全体を一体として取得することになます。

このため、一括して「建物」として計上することはできますが、通常は、その躯体部分と附属設備を分割して、前者を「建物」後者を「建物附属設備」として計上します。

これは、例えば、そのビルが、鉄筋コンクリートでつくられており、電気設備等の附属設備があった場合、そのビル本体の経済的耐用年数にくらべ、電気設備等の附属設備の経済的耐用年数が圧倒的に短いからです。そして、そのビルを維持するためには、電気設備の更新等の作業が必要になってきます。

これらのことから、躯体部分と附属設備部分を分割して計上することで、それぞれの資産の経済的耐用年数に近い形での減価償却が可能になってきます。

なお、区分不可能な場合については、建物の耐用年数を利用しているケースが多いようです。

♠１つの建物で複数の構造が存在するときは

例えば、鉄骨鉄筋コンクリートの上に、木造の建物が存在するようなケースの場合、どちらの構造で分類することになるのでしょうか。

この場合、それぞれの構造が明確に両者の建物が区分できるようであれば、別々の建物として、耐用年数を決定することになります。

しかし、それぞれの構造が明確に区別できない場合は、全体に占める割合が多い構造で耐用年数を決定しますが、判断がつかない場合は、耐用年数の長い構造で一括処理することになります。

♠同一建物で複数の使用目的のときは

同一建物内で、複数の使用目的で使用されている場合は、主たる目的を基準に判断し、階数等で明確に区分できる場合は、２つの建物として耐用年数を把握し、減価償却を実施します。

なお、内部造作については、建物本体の構造を基準に決定されますが、「店舗用簡易装置」や「可動間仕切り」については、建物附属設備として扱います。

♠建物附属設備というのは

建物附属設備とは、建物本体に固着または隣接して、建物を使用するために必要と認められて製作された設備、装置をいいます。

具体的には、電気設備、給排水または衛生設備及びガス設備、または、店舗用簡易装置をいいます。

建物附属設備については、「構造または用途」と「細目」により耐用年数を決定します。

「構造または用途」として上記のほか、冷房、暖房、通風またはボイラー設備など、図表41のように10に分類しています。

【図表41　建物附属設備の「構造または用途」による区分】

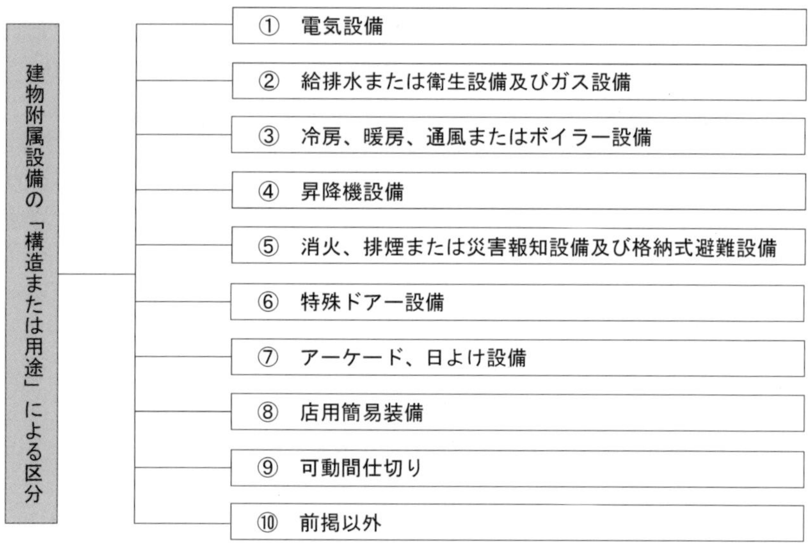

♠内部造作にかかる耐用年数は

建物附属設備には、内部造作に関するものとして店舗用簡易装置、可動間仕切りがあります。

店舗用簡易装置とは、小売店舗に造作された設備のことで、おおむね3年以内に取替えが見込まれるものをいいます。

また、可動間仕切りとは、事務室を区切るために利用されている間仕切りであり、構造を問いませんが、可動とは、取り外して、他の場所で再利用できるものをさしています。

再利用できないものは、建物の一部として建物本体の耐用年数を利用することになります。

Q27 構築物の耐用年数の適用は

Answer Point

♤構築物の耐用年数は、用途で区分した後、その区分に該当しないものについては、その構造に従って区分されます。

♤土地に一体化されているものであっても、庭園の池や灯篭も構築物になります。

♤建物の上にある広告塔は建物と一体か否かで、建物とみなすか構築物とみなすかが決定します。

♠構築物というのは

構築物とは、壁、舗装道路、軌道、煙突など、土地の上に定着する工作物をいいます。構築物については、「構造または用途」と「細目」により耐用年数を決定します。

まず、「構造」について、図表42の９つの区分が存在しこの区分に従って耐用年数を判断します。この構造に存在しない構築物は、「用途」について図表43の9つの区分に従って耐用年数を決定します。

最終的には、「構造または用途」により分類されたものからその詳細を「細目」の中から選択し、耐用年数を決定します。

♠建物の上の広告塔は

建物の上にある屋上広告塔については、建物の一部とみるか構築物とみるか見解が分かれます。特に、同一の構造でできていた場合などは、判断に迷うものです。

ここで、構築物とは、土地等の上に定着する工作物であると定義されています。

法人税法上の決まりはありませんが、塔の土台が、重量鉄骨造となっていた場合などは、広告塔は、単なる工作物とみず、建物としてみられたこともあります。

このため、判断として、屋上の広告塔については、明らかに建物と構造がことなり、構築物として簡易な造りをしている場合は、構築物となりますが、建物に一体となっている場合や、重量鉄骨造などの場合は、建物として耐用年数を決定することになります。

【図表42　構築物の構造による区分】

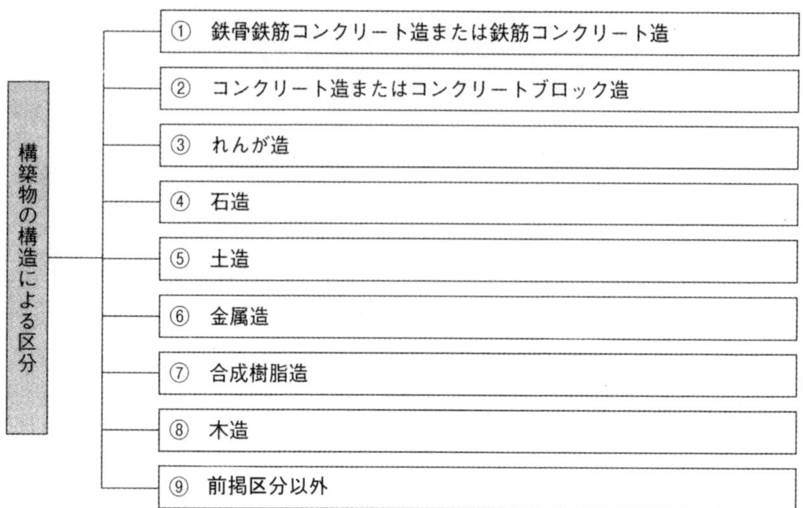

【図表43　構築物の用途による区分】

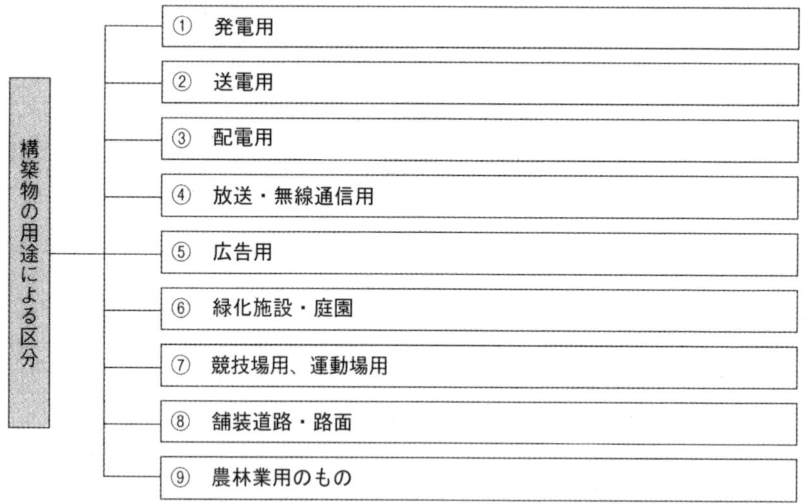

♠土地の造成にかかる費用は

土地の造成に関する費用は、土地の取得価額として取得原価に参入することになります。

しかし、土地の上に存在する池や、灯篭、防壁、石垣等はその構造規模から見て、構築物として判断されます。また、海の上にあるテトラポットも構築物となります。

Q28 船舶・車両運搬具・工具器具備品等の耐用年数の適用は

Answer Point

♤船舶の耐用年数は、船舶法の適用を受ける船舶か否かで判断します。

♤航空機の耐用年数は、飛行機か否かで判断します。

♤車両及び運搬具の耐用年数は、車両の使用状況で判断します。

♤工具の耐用年数は、用途により分類します。

♤器具備品の耐用年数は、利用場所や用途を基準に分類します。

♠船舶の耐用年数適用は

船舶については、「構造または用途」において船舶法の適用を受ける船舶か船舶法の適用を受けない船舶かに分類されたうえで、船舶法の適用を受ける船舶については、鋼船、木船、軽合金船、強化プラスティック船、水中翼船、ホバークラフトに分類されます。

さらに、鋼船及び木船については、漁船であるか等の分類も行います。

「細目」については、船舶法の適用を受けるものについては、そのトン数で、船舶法の適用を受けないものについては、その使用目的で、分類され、耐用年数が判断されます。

なお、船舶に付随している救命ボート等は、船舶の附属品として、一括して船舶の耐用年数を適用します。

【図表44　船舶の耐用年数適用】

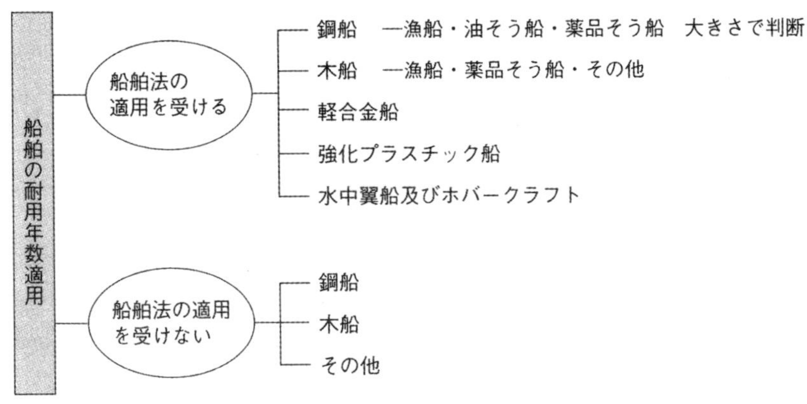

♠航空機の耐用年数適用は

航空機は、その形状により「飛行機」とそれ以外に分類されます。

飛行機については、主として金属づくりのものはその最大離陸重量で区分され、その他のものは一括して耐用年数が判断されます。

次に飛行機以外のものについては、「ヘリコプター及びグライダー」か「その他」として分類され、耐用年数が判断されます。

通常飛行機の場合、エンジンについては、飛行機と一体のものとして減価償却されますが、予備エンジンは、飛行機を運行するために、予備として保管されているものであり、必要に応じて取替られ、繰り返し利用されることから、そのエンジンを利用する飛行機の「構造または用途」に即して耐用年数が決定されます。

【図表45　航空機の耐用年数適用】

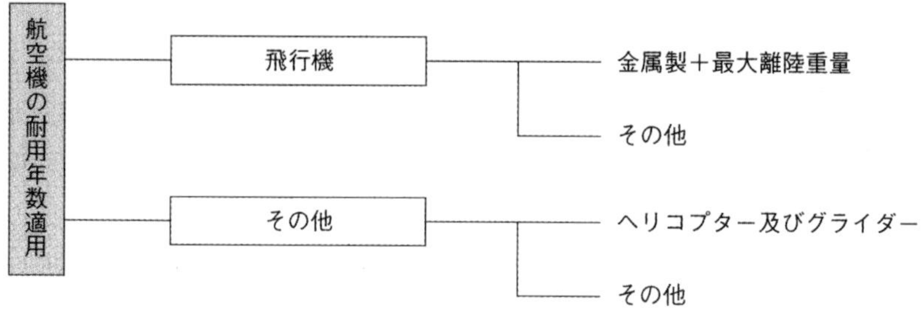

♠車両及び運搬具の耐用年数適用は

車両及び運搬具とは、人や物を運搬することを目的として製造された機器をいいます。

車両及び運搬具については、その車両の状況によって、鉄道用または軌道用車両、特殊自動車、事業用、その他の4つに分類され、それぞれの区分の中で、具体的な細目ごとに耐用年数が定められています。

なお、建築現場のコンベヤーやブルドーザー、パワーショベル等は、人や物を運搬するための機器ではなく、機械装置として扱われます。

♠車両の中の備品等の耐用年数は

車やバスの中には、オーディオ機器やテレビ等が搭載されています。これらの備品は、明らかに後で取り付けられたり、容易に取り外せる場合は、別個の備品としますが、通常は、車両と一体のものとして、車両の耐用年数が適用されます。

【図表46　車両及び運搬具の耐用年数適用】

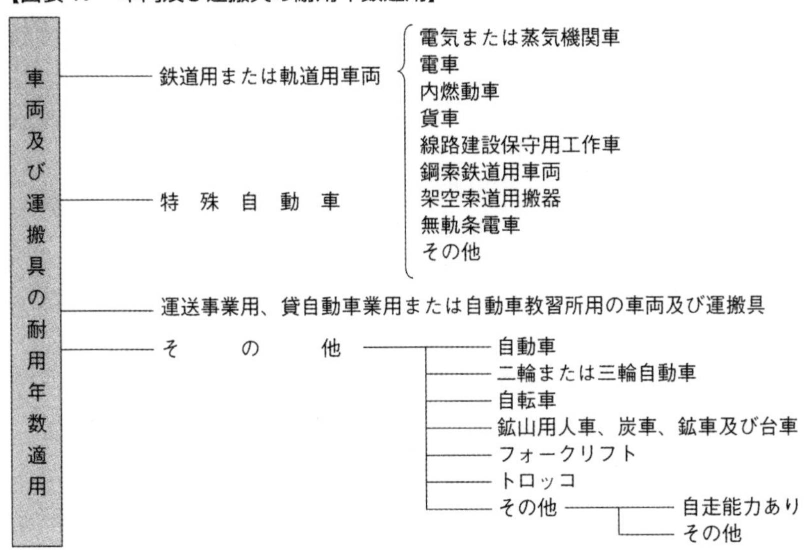

♠工具の耐用年数適用は

工具とは、機械装置等を維持するための道具やその一部の部品をいい、その用途により図表47のように９つの分類を行います。

分類されたものから、「細目」においてその形状やそのものの性質により耐用年数を判断します。

【図表47　工具の耐用年数適用】

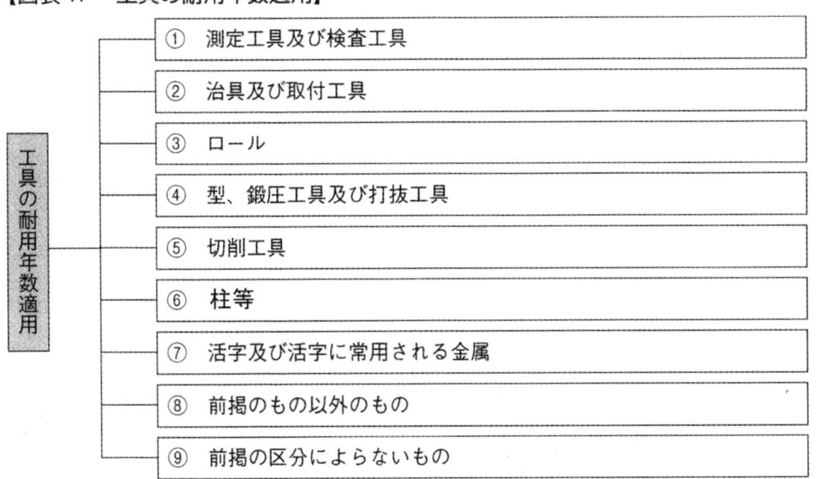

♠器具備品の耐用年数適用は

器具備品とは、設備の中で、いわゆる簡易式の什器等をいい「構造及び細目」において利用場所や用途を基準に12に分類されています。

この分類の中から、「細目」においてその形状や大きさ、具体的な名称により、耐用年数を判断します。

なお、「細目」においてどの細目にも判断できないものについては、同一区分内のその他のものとして、耐用年数を判断します。

【図表48　器具及び備品の耐用年数適用】

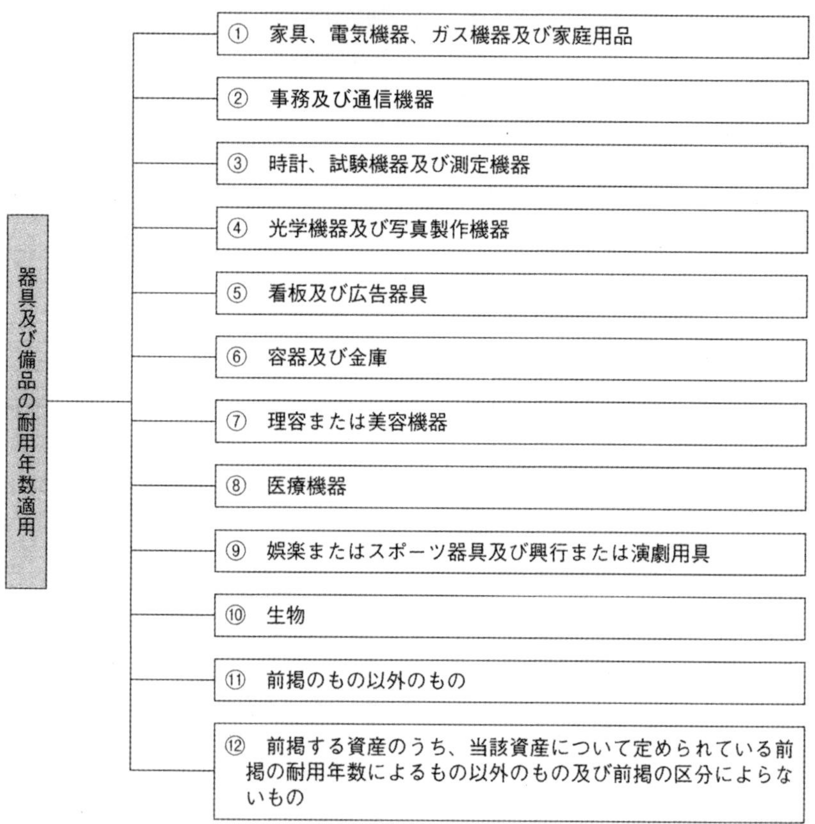

♠エアコンは器具備品か

エアコンはさまざまなタイプがあります。天井につけられているものや、壁に吊り下げられているものがあります。この場合、建物附属設備とするか器具備品とするかが問題となります。通常、エアコンのうち、ダクト等を通じて広範囲にわたって送風できるものは、建物附属設備として扱います。

Q29 機械装置の耐用年数の適用は

Answer Point

♤機械装置については、専用の耐用年数表を用いて判断します。
♤機械装置については、ここの機械の特性ではなく、その機械群全体で何を製造しているかについて分類し、耐用年数を判断します。

♠機械装置の耐用年数表は

機械及び装置とは、原材料を投入することにより、加工等を行う工場の設備や、その製品を搬送するための、自走式の機械やベルトコンベア等をいいます。

これら機械装置は一体となって最終製品を製造するための製造機械群を指します。

これは、製品を製造するには、通常単一の機械で製造できるわけではなく、また、多数の機械が連結されていることが多いことから、個々の機械に分断することが困難であるという考え方に基づいています。

このため、機械そのものは、個別に複数の機械が存在していたとしても、1つの製造工程に存在するものは、機械設備全体を持って一体ともみなして、減価償却を行います。

機械装置については、何を製造しているかを基準に耐用年数を決定することになります。

そこで、他の有形償却資産とは異なり、『別表第二　機械及び装置の耐用年数表』を利用して適用する耐用年数表を決定します。

【図表49　同一の生産設備とみなす】

製造機械群

原料搬入 ⇒ 加工 → 組立 → 検査 → 完成 ⇒ 製品

同一の生産設備とみなす

ここで判断

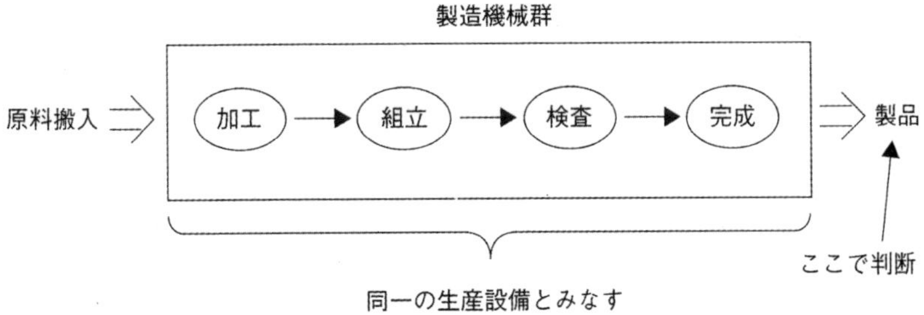

♠機械装置の耐用年数表の利用にあたっての留意点は

別表第二の機械及び装置の耐用年数表は、設備の種類を391の分類に分け、最終的に何を製造しているのかによって耐用年数を決定しています。

そのため、耐用年数表の利用にあたっては、日本標準産業分類の細分類番号をもとに、設備の種類を選定し、設備の詳細を細目により特定して、耐用年数を決定します。

ここで、日本標準産業分類とは、統計調査の結果を産業別に表示する場合の統計基準として，事業所において社会的な分業として行われる財貨及びサービスの生産又は提供にかかるすべての経済活動を分類したもので、総務省が、昭和24年10月に制定したものです。

通常機械は、複数の機械を利用して、原材料の加工から、組立等を経て最終製品を生産するまでの生産設備が機械の大小や、値段の高低にかかわらず、一体として機能していると考えられます。

そのため、他の有形償却資産と異なり当該生産設備が最終的に何を製造しているかで、そこに属する機械群を一括した耐用年数を利用することが望ましいと考えられます。そのため、耐用年数表では、最終製品を分類し耐用年数を決定しています。

♠複数工程があるときは

工程の関係で、２つ以上の工程に分かれており、その工程から製造される中間製品が、上記の日本標準産業分類の分類に該当する製品の場合は、最終製品にこだわらず工程を分割し、中間製品の工程については、中間製品に基づいた、耐用年数を利用し、最終製品の工程については、最終製品の工程に基づいた耐用年数を利用することもできます。

【図表 50　複数工程の場合】

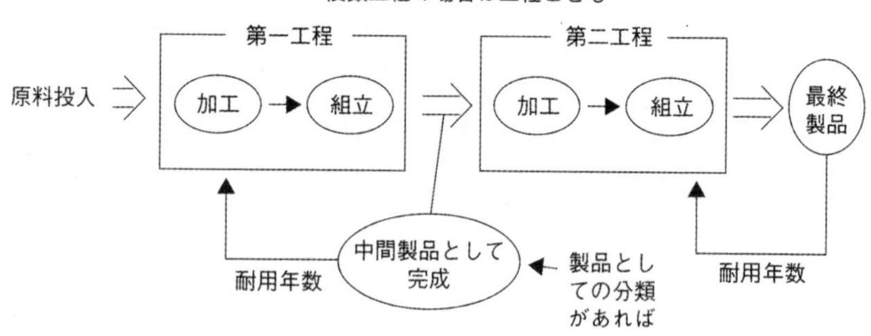

♠中間製品を製造する機械の特例

機械装置の考え方として複数の機械が連結されているため、個々の機械の分断管理が難しいことが上げられますが、逆に、同様の考えにおいて、中間製品や最終製品を製造するための単独の機械として認識可能であれば、分割管理することもできます。

具体的には、同一製造設備において一部の装置が、日本標準製造分類に該当する中間製品を製造している場合には、その機械装置については、当該設備が製造する分類に従った耐用年数を利用することになります。

【図表51　中間製品の場合】

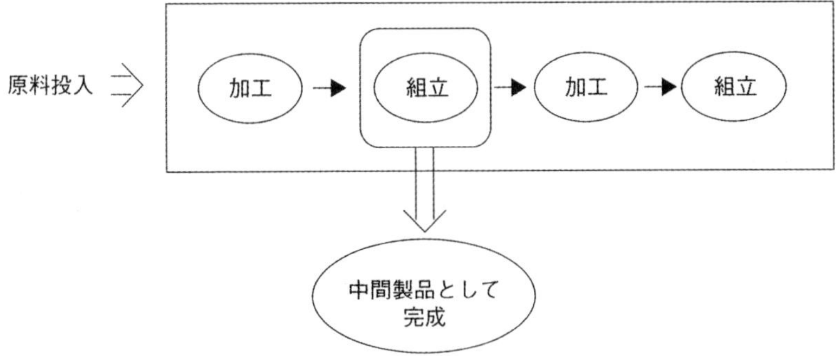

♠副産物も製造される設備について

化学工場の設備等では、主たる製品の製造と同時に副産物も製造される場合があります。この場合両者とも、日本標準産業分類に従った製品である場合には、主産物の分類に従って耐用年数を決定します。

なお、副産物の製造設備が、耐用年数表の設備の種類のいずれかに該当し、かつその設備が、主産物の製造設備と別個の設備として分割できる場合には、当該副産物の製造設備として、その耐用年数を利用することができます。

♠その他の分類

機械装置の中には、水力発電設備や、ガスタービン発電装置のように、事業を行ううえで必要な設備で、特に耐用年数表に別記されている機械装置の場合は、その耐用年数を利用します。

また、「汚水処理用の設備」や「ばい煙処理用の設備」の場合は、別途耐用年数表別表第五及び第六で耐用年数を定めていることから、機械装置に該当しても、別表第五及び第六を利用して耐用年数を決定します。

Q30 生物・農林業用資産等の耐用年数の適用は

Answer Point

♤生物については、その生物を利用して事業目的を達成する場合のみ生物として減価償却を行います。

♤農林業用の資産については、資産の種類に関係なく、農林業用の耐用年数を利用します。

♤汚水処理施設、ばい煙処理施設、開発研究用資産については、資産の種類に関係なく専用の耐用年数表を利用します。

♠生物というのは

生物とは、事業の用に供している牛、馬及び果実を販売する目的である果樹等をいいます。

あくまでも、事業として利用するものであり、販売用の牛、馬や果樹の苗等は、棚卸資産に該当することから、減価償却は行いません。さらに、育成中の生物は事業の用に供していないとみなされることから、減価償却計算は行いません。なお、観賞用の動物や、貸付用の植物については、器具備品として償却します。

具体的な耐用年数については、減価償却資産耐用年数表の別表第四　生物の耐用年数表を利用して「種類」において当該生物の種類を分類し、「細目」によりその使用目的等を考慮して、耐用年数を判断することになります。

【図表 52　生物の耐用年数適用】

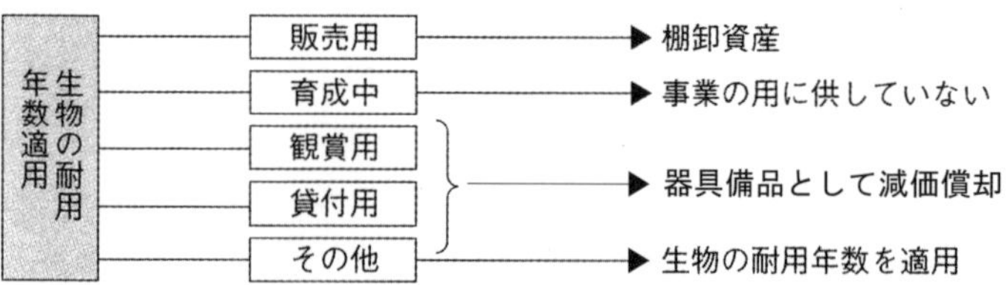

♠生物はいつから償却を開始するか

償却資産の減価償却は、通常事業の用に供するときに開始します。これは、事業を行ううえで利用することの経費を認識することが目的です。

生物においても、同様の考えで行われています。生物の場合はその生物が成熟の年齢もしくは樹齢に達したときから減価償却の対象となります。

牛馬の場合は、成熟したモノを取得した場合は、取得時から減価償却を行いますが、新たに誕生した場合や、成熟前のモノを取得した場合には、成熟に達した月から減価償却を行います。

また、果樹の場合は、果樹として果実が発生するいわゆる果実が実ったときの樹齢を持って事業の用に供したと考えます。

これらの、生物において成熟を要件にしている根拠は、成熟することで、初めて収益を生んでくることができることから、成熟前の生物においては、建物の建設における建設仮勘定的な考え方を踏襲したものです。

♠農林業用減価償却資産というのは

勘定科目の分類は、有形固定資産の建物や、器具備品等に分類されていても、農林業用の資産については、別途耐用年数表　別表第七　農林業用減価償却資産の耐用年数表に基づいて耐用年数を判断します。

農林業用の減価償却資産は、「種類」においては建物、建物附属設備、構築物に属するものについては、その構造により、運搬具や工具、器具、備品に属するものについては、その様態により区分します。

さらに、「細目」では、その具体的名称や、使用目的により、耐用年数を決定します。

♠その他特殊資産は

建物、構築物、機械の中には、特殊用途のものが存在します。そこで、法人税法では、①汚水処理用施設、②ばい煙処理用施設、③開発研究用施設の３つの特殊施設については、これら一体となって、それぞれの目的を達成すると考えられるため、通常の有形固定資産とは区分して、別途、耐用年数表を用いて耐用年数を決定することになります。

また、塩素や塩酸等の腐食性を有する液体や、塩、チリ硝石の影響を受ける建物等については、特に物理的減価が激しいことから、指定された製造機械と一体として耐用年数を決定し減価償却を行います（耐用年数の適用等に関する取扱通達付表)。

♠総合償却資産の特例は

総合償却資産を適用している、鉄道業用または軌道業用のものや電気業の構築物については、特殊性が高いことから別途耐用年数表を作成しているため、当該耐用年数表にもとづいて耐用年数を判断することになります。

無形減価償却資産の耐用年数の適用は

Answer Point

♤無形減価償却資産の償却は、残存価額0円まで毎期同額である定額法で実施します。

♤ソフトウエアの償却は、ソフトウエアを複写して販売するものとその他に分けて耐用年数を判断します。

♠無形減価償却資産の耐用年数適用は

無形減価償却資産は、ソフトウエア、営業権、工業所有権、漁業権等の利用権などがあります。無形減価償却資産は、有形減価償却資産と異なり、資産そのものの実体は存在していません。すなわち、無形減価償却資産は、対象物の利用権等の権利やソフトウエアのように、その権利として表象されているに過ぎません。

このため、一定の耐用年数を経過した後については、利用価値がなくなるとともに、その権利を第三者への売却は難しいことから、耐用年数経過後においては、価値を０円と考えています。したがって、償却は有形減価償却資産と異なって、残存価額０円まで償却することになります。

そのため、有形減価償却資産と異なって、毎期同額の償却である定額法により償却します。

また、有形減価償却資産の場合は、事業の用に供した時点から、減価償却を開始し、事業の用に供するまでの期間については、減価償却を行いませんが、無形減価償却資産の場合は、事業の用に供するとの区別なく、取得時から償却を開始します。

これは、無形減価償却資産の減価償却は、物理的減価よりも時の経過による減価を重視していることからです。だからこそ、残存価額も設定せず、耐用年数経過後は、残存価額価値は０円と見ているのもこのためです。

したがって、物理的減価がない及び権利を表象していることや、関連の法律等で守られていることから、経済的有効期間の設定については、それぞれの根拠法令において存続期間が定められている漁業権及び工業所有権（特許権、実用新案権、意匠権、商標権）については、その存続期間を耐用年数とみなし、それ以外は政策的に５年として耐用年数を決定してます。

【図表53　無形減価償却資産の耐用年数適用】

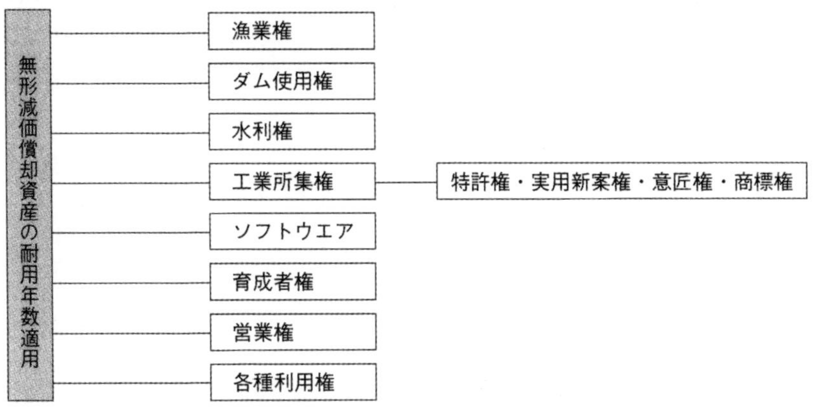

♠ソフトウエアの耐用年数適用は

ソフトウエアは、その性質により、複写して販売するための原本とその他のものに分けられます。複写して販売するための原本としてのソフトウエアは、そのソフトを利用して他のソフトウエアを製作することから、一種の機械的な役割を担っています。

一方、その他のものについては、そのソフトは社内で利用することが主たる目的であり利用による減価と考えられます。

減価の様態が異なることから、耐用年数も「細目」において分類しています。

【図表54　ソフトウエアの耐用年数適用】

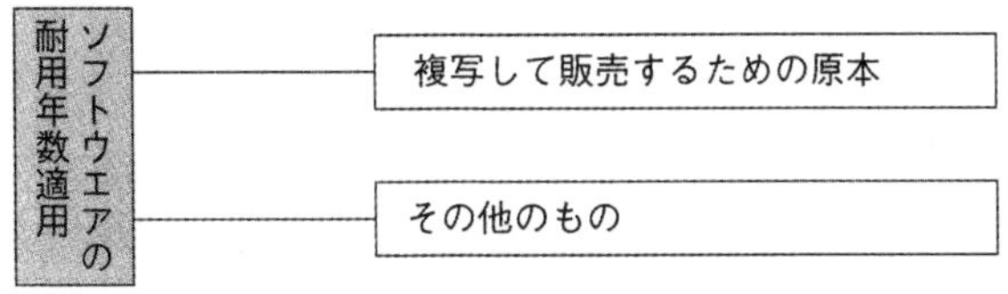

♠育成者権の耐用年数適用は

植物等の育成に関する権利であり、育成する品種によって、種苗法によって定められた品種とその他の品種に分けて耐用年数を判断します。

【図表55　育成者権の耐用年数適用】

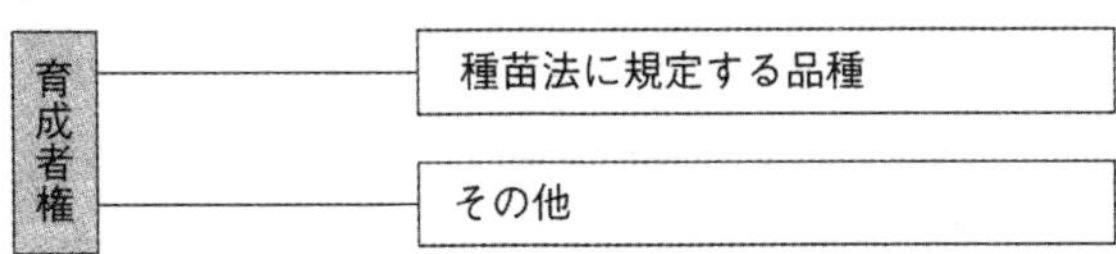

Q32 耐用年数の短縮の要件・その承認申請は

Answer Point

♤耐用年数の短縮の承認を受け、早期に償却しようとする場合の手続です。

♤適用要件は、３つあります。

♠耐用年数の短縮というのは

耐用年数は、減価償却を行ううえで、その金額の決定に大きな影響を及ぼします。企業は様々な資産を保有し利用しています。減価償却は、その資産を利用するうえで、資産の目減り分を一定の計算上費用化するものであり、実態の減価とは必ずしも合致しません。

このため、法人税法上、同一資産を保有する企業で課税の公平性を保つために、同一の耐用年数を利用することで、公平な償却限度額を設定しその限度内での減価償却費を計上できるようにしています。

すなわち、償却限度額は、課税の公平性の観点から償却可能額を設定しているものであり、むやみにその限度額を変更することは、利益操作をはじめ、課税の公平性を損なう結果になる可能性もあるからです。

しかし、企業において様々な理由で、法人税法が想定する耐用年数を利用することが困難な場合もあります。特に、耐用年数が延びる場合には問題はありませんが、短縮しなければならないこともあります。

法人の有する減価償却資産について、一定の特別な理由により法定耐用年数より実際の耐用年数が著しく短くなる場合（約10％以上）に、図表56の３つの要件を満たした場合には、その資産の償却計算時に、使用可能期間を耐用年数として早期に償却ができる制度です。

【図表56　耐用年数が短縮できる３要件】

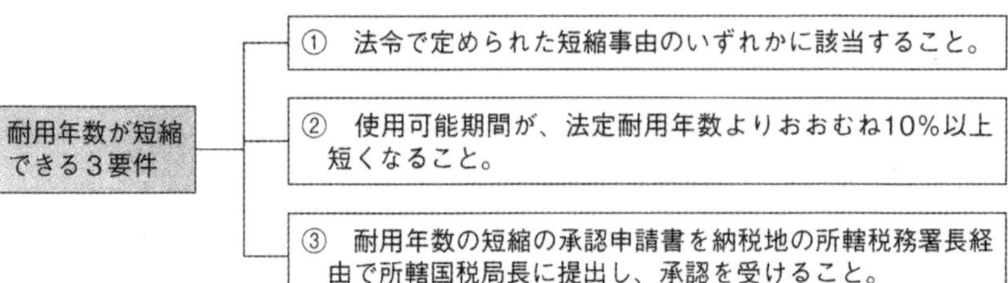

♠法令で定められた短縮事由というのは

前述のように、法人税では、耐用年数を短縮するということは、毎年行っている減価償却費及び償却限度額を増加させることになります。

このため、耐用年数の短縮事由は、厳格に取り扱われなければなりません。

そこで、法人税法上一定の要件を設けることにより、その事由に合致することを前提に、納税地の所轄の国税局長の承認を受けることになります。

なお、これらの短縮対象となる資産の単位は、原則として資産の種類・構造もしくは用途、細目または設備の種類の区分に加え、耐用年数の異なるごに申請します。

法令で定められた短縮事由とは、図表57の事項です。

【図表57　法令で定められた短縮事由とは】

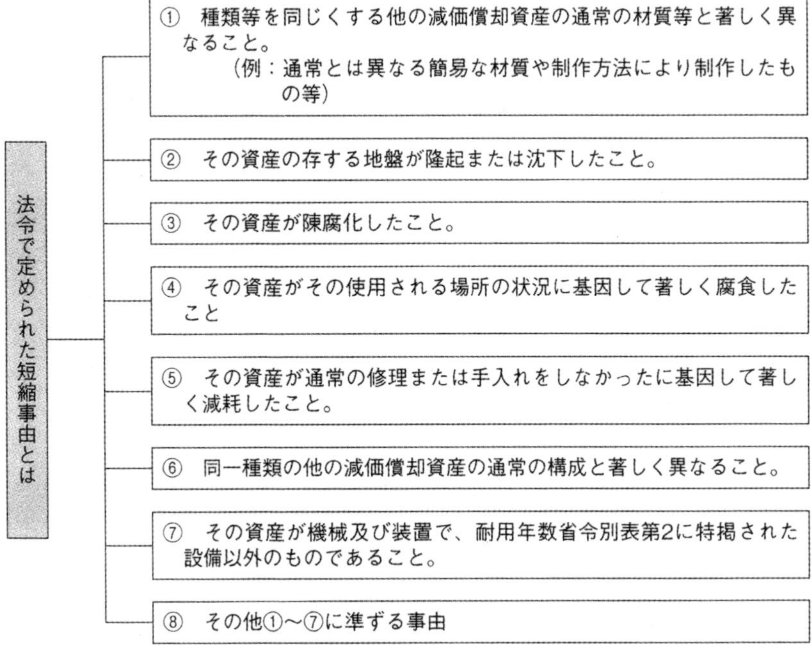

法令で定められた短縮事由とは
① 種類等を同じくする他の減価償却資産の通常の材質等と著しく異なること。
（例：通常とは異なる簡易な材質や制作方法により制作したもの等）
② その資産の存する地盤が隆起または沈下したこと。
③ その資産が陳腐化したこと。
④ その資産がその使用される場所の状況に基因して著しく腐食したこと
⑤ その資産が通常の修理または手入れをしなかったに基因して著しく減耗したこと。
⑥ 同一種類の他の減価償却資産の通常の構成と著しく異なること。
⑦ その資産が機械及び装置で、耐用年数省令別表第2に特掲された設備以外のものであること。
⑧ その他①～⑦に準ずる事由

♠使用可能期間が、法定耐用年数よりおおむね10%以上短いというのは

短縮事由にもありますが、耐用年数の短縮は、当該資産を使用していたにもかかわらず、一定の理由で耐用年数を短縮することを想定しています。このため、当該事由が、今後どれくらい短縮されることになるのかを計算する必要があります。

図表54の計算式のように、当該資産の法定耐用年数のうち、現在まで経過した耐用年数に短縮後の見積耐用年数を加算した使用可能期間を算出します。

この使用可能期間が法定耐用年数と比べて10%以上短い場合すなわち、使用可能期間が法定耐用年数の90% 以下になった場合に適用となります。

【図表58　個別償却資産の使用可能期間の計算式】

使用可能期間＝取得からの経過年数+短縮事由に該当することとなった後の見積年数
（1年未満切捨）

$$\frac{\text{使用可能期間}}{\text{法定耐用年数}} < 90\%$$

♠耐用年数短縮の承認申請手続は

短縮事由の適用が可能と判断した場合は、納税地の所轄の国税局長の承認を受けることになりますが、この承認の申請には、「耐用年数の短縮の承認申請書」という用紙に記入を利用します。

この用紙を納税地所轄の所轄税務署長を経由して所轄国税局長に提出、承認となります。

手続は、図表59にも示してありますが、提出期限には定めはなく、通常当該事由が発生した場合に速やかに提出することとなり、承認を受けた日の属する事業年度より適用になります。

なお、承認の手続は、所轄国税局長から書面による承認の通知が到着します。その通知のあった日の属する事業年度からの適用となります（申請した日の事業年度ではありません）。

【図表59　耐用年数短縮の承認申請の手続】

項目	説明
①　提出期限	特に定められていません。
②　提出方法	申請書を所轄の税務署に提出または送付（2部）。
③　手数料	不要。
④　添付書類	・「承認を受けようとする使用可能期間の算定の明細書」 2部 ・申請資産の取得価額が確認できる資料（例：請求書等） 2部 ・個々の資産の内容及び使用可能期間が確認できる資料（見積書・仕様書等） 2部 ・申請資産の状況が明らかとなる資料等（写真・カタログ等） 2部 ・申請資産がリース物件の場合、貸与を受けている者の用途等が確認できる書類（例：リース契約書の写し、納品書の写し） 2部
⑤　適用時期	承認を受けた日の属する事業年度から承認を受けた償却方法を適用できます。

【図表60　耐用年数の短縮の承認申請書の例】

税務署受付印

耐用年数の短縮の承認申請書

※整理番号	
※通算グループ整理番号	

平成26年7月12日

〇〇国税局長殿

提出法人		
☑単体法人 □連結親法人	(フリガナ)	
	法人名	株式会社 アイ・オー・ケー
	納税地	〒000－0000 〇〇〇〇〇〇〇〇 電話(××)××××－××××
	(フリガナ)	コクゼイ タロウ
	代表者氏名	国税 太郎 ㊞
	代表者住所	〒000－0000 〇〇〇〇〇〇〇〇
	この申請に応答する係及び氏名	電話（　　）　　－
	事業種目	製造 業

連結子法人（申請の対象が連結子法人である場合に限り記載）			※税務署処理欄	
(フリガナ)			整理番号	
法人名			部門	
本店又は主たる事務所の所在地	〒　（　局　署）電話（　　）　　－		決算期	
(フリガナ)			業種番号	
代表者氏名			整理簿	
代表者住所	〒			
事業種目	業		回付先	□ 親署 ⇒ 子署 □ 子署 ⇒ 調査課

次の減価償却資産については、耐用年数の短縮の承認を申請します。

申請の事由	1	法人税法施行令第57条第1項3号
資産の種類及び名称	2	「194 板ガラス製造設備」の「板ガラス製造設備」溶解炉
同上の資産の 所在する場所	3	株式会社 アイ・オー・ケー　〇〇〇〇〇〇〇〇
同上の資産の 承認を受けようとする使用可能期間	4	
同上の資産の 法定耐用年数	5	14年
使用可能期間が法定耐用年数に比して著しく短い事由及びその事実の概要	6	従来の製造設備が旧式化し、その設備ではコスト高・生産性の低下等により経済的に採算が悪化しているため
参考となるべき事項	7	

税理士署名押印	㊞

※税務署処理欄	部門		決算期		業種番号		整理簿		備考	

（規格A4）

（法1316－1）

【図表61　使用可能期間の算定明細書の例】

承認を受けようとする使用可能期間の算定の明細書

番号 a	種類（設備の種類を含む。） b	構造又は用途 c	細目（個々の資産の名称） d	数量 e	法定耐用年数 f	取得価額 g	承認を受けようとする使用可能期間の算定の基礎 経過年数	その後の使用可能期間	計 h	年要償却額 g/h i	算出使用可能期間 gの計/iの計 j	承認を受けようとする使用可能期間 k	取得年月 l	帳簿価額 m	所在地 n
1	194 板ガラス製造設備		溶解炉	1	14	千円 5,000	年 月 1．3	年 月 5．9	7	714	7	7	18年4月	千円 4,240	○○○
							・	・							
							・	・							
							・	・							
							・	・							
							・	・							
							・	・							
							・	・							
							・	・							
							・	・							
							・	・							
							・	・							
							・	・							

（規格A4）

13-07　　(法1316－2)

♠耐用年数の短縮の承認申請書記載上の留意点は

この届出書は、２部提出することになります。したがって、申請に対する控えが必要な場合は３部作成することになります。

申請の許可通知のあった事業年度からの適用のため、できるだけ早く提出する必要があります。

(1)「提出法人」欄には、単体法人もしくは連結法人の区別をチェックするとともに、当該提出法人の「法人名」等を記入します。（なお提出が連結法人の場合は連結子法人の情報も記載します。）

(2)「申請事由」には、図表57の短縮事由のいずれかに当るかを記載します。

(3)「使用可能期間が法定耐用年数に比して著しく短い事由及びその事実の概要」には、具体的に耐用年数が短くなる理由を記載することになります。

♠承認を受けようとする使用可能期間の算定明細書記載上の留意点は

当該資産の状況を記載の上「承認を受けようとする使用可能期間の算定の基礎」には、上記図表61で計算したと同様に使用可能期間を計算します。

(1)「年要償却額　i」には取得価額を使用可能期間で除した額を記載します。

(2) すべての対象資産の「年要償却額　i」の合計をすべて対象資産の取得価額で除して「承認を受けようとする使用可能期間」を計算します。

Q33 中古資産の耐用年数の適用は

Answer Point

♤中古資産を取得した場合は、通常の法定耐用年数を使用することも認められますが、新品と区別して、別途耐用年数を設定することができます。

♤中古資産の取得にあたって多額の資本的支出をした場合、見積りによる耐用年数を利用できないときがあります。

♠中古品を取得したときの耐用年数は

税法上、法人が所有する資産については、減価償却を行う場合には、法定耐用年数を利用することが原則です。しかし、法定耐用年数は、あくまでも新品を取得した場合を前提とした耐用年数を示したものです。

中古資産は、新品資産に比べ、他人の利用や時の経過により減価が生じていることに加え、使用状況の異なる中古資産に一律に耐用年数を決定すること自体不合理です。新品資産の耐用年数より短いのが通常です。

そこで税法上、中古資産については、減価償却にあたり、法定耐用年数ではなく、事業の用に供した以降の使用可能期間を見積り、税務署長や国税局長の承認認定を受けることなく、その年数に基づいて減価償却を行うことが認められています。

なお、残存耐用年数を見積るか否かは法人の自由であり、法定耐用年数を利用して減価償却を行うこともできます。

♠中古資産の耐用年数を適用するためには

中古資産の耐用年数について、その資産の法定耐用年数ではなく、中古資産の耐用年数を利用するためには、その資産を事業の用に供した事業年度から適用しなければなりません。

一旦、法定耐用年数を利用して減価償却を行った後、途中の事業年度から、中古資産の見積耐用年数等を利用することはできません。

♠見積対象となる資産・ならない資産は

中古資産の耐用年数の見積対象となる資産は、基本的には有形減価償却資産、無形減価償却資産及び生物のすべてが対象となります。

特に、贈与、交換、現物出資、適格合併、適格分割形分割による引継資産のほか、再生計画の定めるところにより解散した会社からの受入資産は対象となります。

また、圧縮記帳の適用を受けた減価償却資産であっても、その資産が中古資産に該当する限り耐用年数の見積りをすることができます。

一方、無形減価償却資産のうち①試掘権や鉱業権及び坑道は、所轄税務署長の認定した年数によることになっているため、見積対象とはなりません。

また、生物のうち牛、馬、綿羊及びやぎについても用途変更された場合は、見積対象資産に該当しません。

♠見積りができない中古資産は

中古資産において見積法により耐用年数を利用するにあたって、図表62の場合には、中古資産として扱うことができず、見積耐用年数を利用できません。

【図表62　見積耐用年数を利用できない中古資産】

ケース	説明
①　相当の改良を加えた場合	取得した中古資産について、事業の用に供するにあたり、修理等を実施しその改良等に支出した金額がその資産の取得価額の50%を超える場合は、見積耐用年数を利用できません。 また、取得した中古資産が当該資産の新品価格の50%以上の資本的支出を行った場合も、もはや中古資産とはいえないため見積耐用年数を利用できません。
②　耐用年数見積り後の相当の改良	耐用年数を見積った後再調達価格の50% を超える資本的支出を行った場合は、資本的支出を行った事業年度以降法定耐用年数を適用することになります。

♠個人事業者から法人事業者に代わったときは

個人で事業を開業し、その後営業展開が拡大することで、法人を設立し、その営業を引き継ぐことがあります。この場合は、個人事業者として、利用していた固定資産を法人成りした後も利用するケースが多くあります。

この場合、当該資産はその事業からみれば、個人事業時から事業の用に供されていて、何も変化はありませんが、法人税法上、個人から法人への譲渡と捕らえその事業年度から中古資産の耐用年数を利用した場合、見積り等による耐用年数を利用することができます。

中古資産の耐用年数の見積方法は

Answer Point

♤中古資産の耐用年数の見積りは、「見積法」と「簡便法」があります。

♤中古資産の耐用年数を見積りにあたっては、いずれかを選択して適用することができます。

♠中古資産の耐用年数の求め方は

中古資産を取得した場合、その耐用年数の選定は図表63の３つあり、事業の用に供した年度においていずれかを選択し、その後の変更はできません。

【図表63　中古資産の耐用年数の求め方】

中古資産の耐用年数の求め方	
	①　その資産の法定耐用年数
	②　見積法による耐用年数
	③　簡便法による耐用年数

♠見積法によるときは

見積法は､実際に事業の用に供してからの使用可能期間を中古資産の材質、仕様、経過年数、購入先の状況、類似資産の状況、法定耐用年数など個々の資産の実態に応じて合理的に計算する方法です。

この方法は、その内容につき技術者等の専門家の意見を徴することも不可欠であり、使用可能期間は、通常の維持修繕に加え、通常の使用条件で使用する場合に予定される効果があげられなくなり更新、廃棄が見込まれる時期までをいいます。

♠簡便法によるときは

中古資産の耐用年数の決定では､個々の資産ごとに合理的に見積ることは、きわめて難しいものです。また、その見積りをまったく法人の自由にすることは、課税の公平性からしても不合理です。

そこで、中古資産の耐用年数を見積るにあたって、当該資産の製造年月日等をもとに決定することになりますが、中には、製造年月日の不明な資産も多く存在します。

このため、残存耐用年数が不明なものについては、見積簡便法を利用して残存耐用年数を決定することになります。

簡便法を適用できる場合は、通常当該中古資産の耐用年数の見積りが困難な場合に利用できる方法です。

困難な場合とは、通常その資産を見積るのに、特別な調査等を行わなければならないなど、その耐用年数の決定に時間も費用もかかる場合を指します。しかし、反対に考えれば、当該中古資産の見積法を利用する場合は、その見積りが正しいことを証明することになります。

このため、実務上では、中古資産を取得した場合は、簡便法により耐用年数を算定しているケースが多いようです。

♠見積簡便法の計算式は

見積簡便法の計算式は、図表64のとおりです。

【図表64　見積簡便法の計算式】

① 法定耐用年数の全部経過した資産
見積残存年数＝法定耐用年数×0.2

② 法定耐用年数の一部を経過した資産
見積残存年数＝（法定耐用年数−経過年数）＋経過年数×0.2

【図表65　設例】

金属製の事務用什器（法定耐用年数15年）を中古資産で取得しました。当該什器は、5年前に前所有者の事務所を開設した際に購入したものでした。

この場合の見積残存年数は、何年になりますか。

法定耐用年数が15年で5年経過していることから、上記の法定耐用年数の一部を経過した資産の式を利用することになります。

よって、（15年−5年）＋5年×0.2＝11年

♠簡便法利用の省令改正に伴う耐用年数の再計算の特例

中古資産の耐用年数を簡便法により算定している場合、省令の改正に伴い法定耐用年数が短縮された場合は、その改正が属する年度で新耐用年数に基づいて再計算することができます。

この場合の経過年数は、その中古資産を取得したときにおける経過年数を用いて計算することになります。

Q35 総合償却利用時の中古資産の見積方法は

Answer Point

♤中古償却資産の場合も、個別償却と総合償却を利用することができます。

♤総合償却を利用時に、中古償却資産と新品資産が混在している場合は、中古償却資産の割合で判断します。

♠総合償却を行っているときは

減価償却資産において、減価償却を行う際に、個々の資産の特徴から耐用年数を決定して償却を行う個別償却と複数の資産を１つの資産として、一括した耐用年数を利用して行う総合償却があります。総合償却の場合、それぞれの資産の耐用年数の算出にあたり、個々の法定耐用年数の加重平均等を利用して算出することになります。

一方、中古資産の場合、個々の資産の状況に応じて、合理的に使用可能期間の判断もしくは、簡便法における見積耐用年数を利用したりして、個々の耐用年数を算出しています。すなわち、中古資産をそれぞれの状況が異なっているため、個々に当該事情に合わせた耐用年数を利用することが前提となっています。

しかし、工場のように、機械装置と構築物でその資産全部につき総合償却を行っている場合は、総合償却においては、個々の資産という概念がなくなるため、中古資産の判定において、個々の資産のどの程度が中古であれば、中古資産として認められるのか、認められないときは、総合償却ができないのかが問題となります。

♠総合償却における中古資産の範囲は

総合償却を行う資産においては、その全体を持って１つの事業の用に供しているという前提で、減価償却を行っています。一方、中古資産の概念は、個々の事情により耐用年数を変更しようというもので、基本的には、個々の資産の状況に応じて減価償却を行うという前提です。

両者においては、そもそもの減価償却に対する考え方が異なっていることから、両方の制度を同時に利用することはできません。

総合償却資産のうち、中古資産が相当部分を占める場合に限り、総合償却資産から別に見積り、他の資産と区別して償却することができます。

すなわち、総合償却資産のグループから独立させてその部分にのみ中古資産として扱うことになります。

中古資産が相当部分であるか否かについては、取得したその中古資産の再調達価額が、その中古資産を含めた設備全体の再調達価額のおおむね30％以上の場合は、他の資産と区分して償却することができます。

なお、一度分離した中古資産を再び総合償却資産として組み入れることはできません。

♠総合残存耐用年数の見積りは

その中古資産の取得価額の合計は、その中古資産を構成する個々の資産の全部につき、それぞれ個々の資産の取得価額をその個々の資産について使用可能期間と見積られる残存耐用年数で除して得た金額の合計がこれにあたります。

なお、個々の中古資産の見積りが困難な場合は、その資産の種類または、設備の種類について定められた法定耐用年数の算定の基礎となったその個々の資産の個別耐用年数を競うとして簡便的に適用してもかまいません。

【図表66　総合償却資産の耐用年数適用】

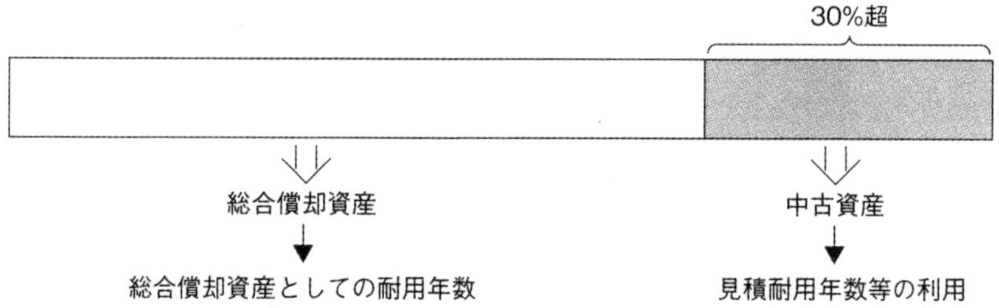

♠中古資産の総合償却資産の全部または一部を取得したときの特例は

法人が工場を一括して取得する場合のように、中古資産である１つの設備に属する総合償却資産の全部または一部を取得したときは、図表67の式によって計算し、１年未満の端数があるときはその端数を切り捨て、その年数が2年に満たない場合は２年とします。

【図表67　総合残存耐用年数の見積計算式】

（その資産の法定耐用年数－経過年数）＋経過年数×20％

また、中古資産が同一の設備に属する総合償却資産の相当部分を占めている場合の耐用年数は、それぞれの資産の加重平均を利用して総合残存年数を見積もり、これを他の資産と区分して償却することが可能です。

Q36 堅牢な建物等の残存使用可能期間の認定・その申請は

Answer Point

♤堅牢な建物等のうち、取得価額の100分の95相当額に達したものについて、償却しようとする場合の残存使用可能期間の月数の認定を受けようとする場合の手続です

♠堅牢な建物等の残存使用可能期間の認定というのは

残存使用可能期間の認定申請は、法人税法施行令61条の21項に掲げる堅牢な建物等のうち、償却額の累積額が当該資産の取得価額の100分の95相当額に達したものについて、さらにその帳簿価額が1円に達するまで償却しようとする場合に、残存使用可能期間の月数の認定を受けようとする手続です。

♠残存使用可能期間というのは

残存使用可能期間とは、当該資産の取得価額の100分の95に相当する金額に達している場合において、その内国法人が当該事業年度開始の日から当該資産が使用不能となるものと認められる日までの期間をいいます。

こちらの期間については、「堅牢な建物等の残存使用可能期間の認定の申請」を納税地の所轄税務署長の認定を受け、適用されます。

♠堅牢な建物等の残存使用可能期間の認定申請手続は

堅牢な建物等の残存使用可能期間の認定申請手続は、図表68のとおりです。

【図表68　堅牢な建物等の残存使用可能期間の認定申請手続】

項目	説明
①　提出期限	認定を受けようとする事業年度の開始の日の前日まで。
②　提出方法	届出書を所轄の税務署に提出または送付。
③　手数料	不要。
④　添付書類	残存使用期間について参考となるべき書類その他参考書類（近い将来において当該資産を撤去することが確実に予測される場合にはその旨を記載した書類）を別紙として添付。
⑤　適用時期	認定を受けた日の属する事業年度以後の事業年度。

Q37 定額法と定率法を比べると

Answer Point

♤定額法は、償却額が毎期同額となり、計算が簡単です。

♤定率法は、早期に投下資本の回収が可能で、修繕費の増加にも対応できます。

♠定額法というのは

定額法とは、減価償却の対象となる資産の価値の減少が毎年同額ずつ減少していくと仮定して計算する方法です。資産価値が毎期どれだけ減少し、その結果、減価償却費がどれだけ発生するか実際に測定することは困難です。

そこで、各期の費用負担の均等化という費用面に着目し、毎期均等に価値が減少していくという仮定をして計算するわけです。計算は簡単で、理解しやすい計算方法です。

ただし、現実には設備の能力の低下とともに修繕費用が多くなってきますので、設備の稼働から年数が経つに従って費用負担は大きくなってきます。建物などのように利用割合が毎期一定であり、維持修繕のための費用も平均的に発生するものに適しています（図表69）。

♠定率法というのは

定率法とは、減価償却の対象となる資産の価値の減少が毎年同じ割合で減少していくと仮定して計算する方法です。

生産設備等の価値の減少ははじめの数年でかなり減少し、その後は少しずつ減少していくという実体を反映した計算方法です。設備の老朽化に伴って修繕費がかかるようになるため、これを考慮に入れると使用期間にほぼ均等に費用負担されるという面もあります（図表70）。

資産の価値の減少という残高面に着目した方法です。

♠修繕費に関する考え方は

設備の維持修繕に要する費用については、減価償却とは関係ないという考え方もあります。しかし、一定の生産能力を維持するためのコストと考えれば、予算管理上原価償却費と修繕費を合わせて管理することは有用です。

【図表69　定額法】

取得原価5,000万円　耐用年数10年
1年目　5,000万円×0.100＝500万円
2年目　5,000万円×0.100＝500万円
3年目　5,000万円×0.100＝500万円
以下同様

定額法は、維持管理費用が安定的に発生する建物などによくあてはまる。

償却費
500万円
……＋ 200万円
維持管理費
……＝ ほぼ一定になる
1年目　2年目　3年目　4年目
1年目　2年目　3年目　4年目

【図表70　定率法】

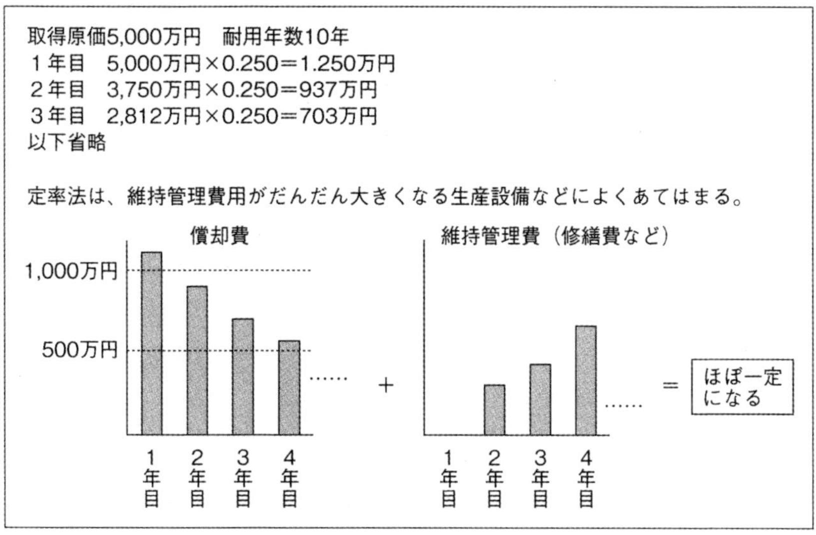

取得原価5,000万円　耐用年数10年
1年目　5,000万円×0.250＝1.250万円
2年目　3,750万円×0.250＝937万円
3年目　2,812万円×0.250＝703万円
以下省略
定率法は、維持管理費用がだんだん大きくなる生産設備などによくあてはまる。
償却費
1,000万円
500万円
……　＋
維持管理費（修繕費など）
……＝ ほぼ一定になる
1年目　2年目　3年目　4年目
1年目　2年目　3年目　4年目

定額法と定率法はいずれも一定の計算ルールの下に規則的に資産価値の減少を算定していくという点については同じです。理論的には資産価値の減少が規則的におこるとは保証できませんし、反対に規則的とは限らないのが実状かもしれません。

しかし、会計は客観性や検証可能性という観点も重要なので、ある仮定に基づいて一定の方法で、資産の価値減少分を費用化していきます。

Q38 定率法の経過措置の影響は

Answer Point

♤税制改正が続いた結果定率法は３つの方法が混在しています。

♤混乱の回避と事務負担の軽減のため経過措置がありました。

♠定率法の混乱した状況

税制改正は毎年行われていますが、改正された部分の法律が適用になるのは改正後からです。減価償却資産は保有年数が長いため以前の法律が適用になる資産が残っている会社が多いのです。

簡単に分類すると、

旧定率法　　　（平成 19 年 3 月 31 日以前取得分）

250%定率法　（平成 19 年 4 月 1 日から平成 24 年 3 月 31 日取得分）

200%定率法　（平成 24 年 4 月 1 日以後取得分）

の 3 種類の方法が混在しています。

平成 19 年以前から稼働している機械装置などもまだまだ使用されていますので、現実に 3 種類の定率法が混在している会社も多いと思われます。

♠経過措置の概要

250%定率法の意味は、定額法の償却率の 250%を定率法償却率として減価償却費の計算を行うというものですが、取得当初の減価償却額があまりに大きくなりすぎたため 200%に見直したわけです。

そのため、上記した 3 種類の計算方法が混在する結果となり、これによる事務負担を軽減し、混乱を回避するため平成 24 年改正時に経過措置が設けられていました。250%定率法と 200%定率法の混在を回避するためのものであり、同一事業年度に取得した資産について 250%に統一するための措置と、すでに 250%定率法を採用して減価償却を行っている資産について 200%定率法に変更する旨の届出をすることにより 200%定率法に統一することができるというものです。

経過措置の期間はすでに終了していますが、250%定率法から 200%定率法に途中で変更することにより償却不足額が発生しますので、法定耐用年数までに償却が終了するように償却率の適用について調整計算を行うこととされています。

Q39 生産高比例法その他の減価償却方法は

Answer Point

♤生産高比例法は、鉱業権や鉱業用減価償却資産について、耐用年数の期間内の採掘予定数量を基準として償却額を算定する方法です。

♤取替法は、取替に要した費用を償却額とする計算方法です。

♠生産高比例法というのは

生産高比例法は、鉱業権や鉱業用減価償却資産について、耐用年数の期間内の採掘予定数量を基準として償却額を算定する方法です。

計算式は、図表71のようになります。

【図表71　生産高比例法の計算式】

$$\text{取得価額} \times \frac{\text{その事業年度の採掘量}}{\text{採掘予定数量}} = \text{償却額}$$

実際の償却計算としては関係のない企業が多いでしょうが、減価償却の考え方としては、最も理想に近い計算方法です。

通常は、分子にあたるその事業年度の稼働量を測定することができても、利用可能期間にわたる稼働量の総合計を見積もることが困難なので、定額、定率などの仮定を設けて計算しているわけです。

♠取替法というのは

レールや枕木のように同種の物が多数集まって固定資産としての機能を発揮する資産については、その機能の維持が部分の交換により実現されるため減価償却の計算に大変な手間を要することになります。

このような資産を取替資産といい、通常の減価償却の考え方と異なり、取替に要した費用を償却額とする計算方法を取替法といいます。

ただし、この考え方によると、全体としては常に新品の価額のまま維持されることになるため、法人税法では、取替費用とは別に定額法または定率法によって取得価額の50％まで償却することを認めています。

なお、取替法については、事前に所轄税務署長の承認が必要となっています。

Q40 劣化資産ってなに・償却方法は

Answer Point

♤劣化資産となるものは、限定されています。

♤劣化資産の費用処理方法は、棚卸資産として取り扱う方法、償却による方法、即時費用処理の３種類あります。

♠劣化資産となるものは

劣化資産とは、生産設備の本体の一部を構成するものではありませんが、生産設備と一体となって繰り返しされる資産で、数量的に減耗したり、質的に劣化するものをいいます。

税法では、図表72のものが劣化資産に該当します。

【図表72　劣化資産に該当するもの】

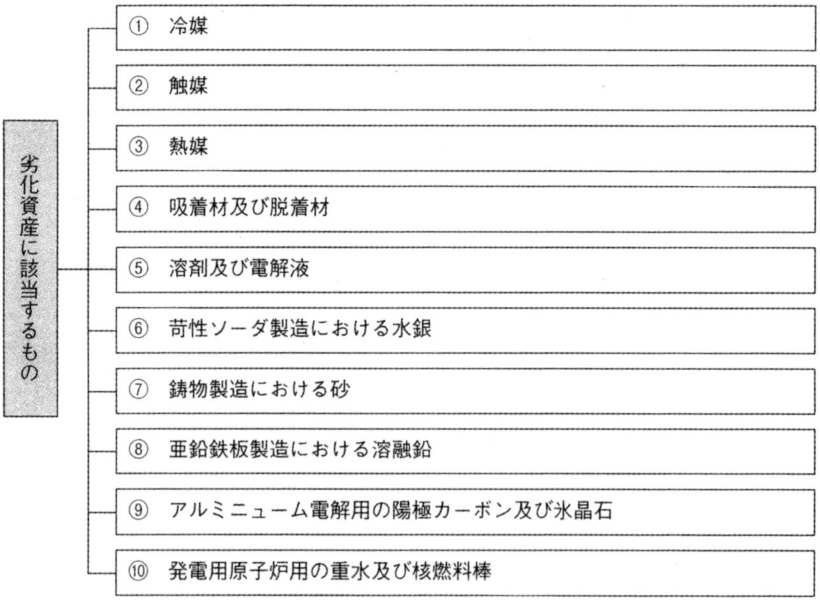

劣化資産に該当するもの
① 冷媒
② 触媒
③ 熱媒
④ 吸着材及び脱着材
⑤ 溶剤及び電解液
⑥ 苛性ソーダ製造における水銀
⑦ 鋳物製造における砂
⑧ 亜鉛鉄板製造における溶融鉛
⑨ アルミニューム電解用の陽極カーボン及び氷晶石
⑩ 発電用原子炉用の重水及び核燃料棒

図表72の①から⑤の具体的な内容としては、次のものがあげられます。

「冷媒」とは、アンモニア、フレオンガス、メチルクロライド、塩化カルシウムその他の冷媒をいいます。

「触媒」とは、硝酸製造における白金網触媒、石油精製における白金ハロゲン化合物、クロームビート、コバルトモリブデン、シリカアルミナ、硫酸製造における酸化パラジウム、その他の触媒をいいます。

「熱媒」とは、ダウサムその他の熱媒をいいます。

「吸着剤及び脱着剤」とは、骨炭、イオン交換樹脂その他の吸着剤及び脱着剤をいいます。

「溶剤及び電解液」とは、アルミナ製造におけるか性ソーダ溶液、化学繊維製造におけるか性ソーダ溶液及び硫酸、銅精錬における硫酸銅溶液その他の溶剤及び電解液をいいます。

♠棚卸資産とする劣化資産は

劣化資産のうち、製造工程において生産の流れに参加し、かつ、中間生産物の物理的または科学的組成となるものについては、棚卸資産として処理することができます。

具体的には、図表72の⑤と⑥は、どちらも補助材料的な性質を有していることから、これに該当します。

そして、棚卸資産として処理する場合には、次の方法により、当期の費用を計算することになります。

当期の費用（製造経費）＝劣化資産期首棚卸高＋当期購入高－劣化資産期末棚卸高

ただし、企業がこれについて棚卸資産として経理する必要があります。

♠劣化資産の償却方法は

劣化資産のうち、主として質的に劣化するため、1つの設備に使用されている数量の全部を一時に取り替えるものについては、図表73のように行います。

また、これに劣化資産として、触媒や吸着剤及び脱着剤等が挙げられますが、これらの劣化資産は、取得後その設備に投入されるまでは貯蔵品等の勘定科目を用いて資産計上されることとなります。

劣化資産のうち、主として数量的に減耗し、その減耗分を補充することで長期間にわたりおおむね同様な状態において事業の用に供することができるものについては、企業が継続適用していることを要件として、図表74のいずれかの方法によることが認められます。

また、これに該当する劣化資産としては、鋳物製造における砂、アルミニューム電解用の陽極カーボン、か性ソーダ製造における水銀などが挙げられます。

【図表73　質的に劣化する資産の償却方法】

質的に劣化する資産の償却方法

① 事業開始または拡張のために取得したものについては、その取得価額を資産に計上し、その取得価額から取替えのときにおける処分見込額を控除した金額を、その投入のときから取替えのときまでの期間を基礎として定額法または生産高比例法に準じて償却します。

② 1つの設備に使用されている数量の全部を取り替えた場合には、その取り替えたものの取得価額を資産に計上して①により償却し、その取り除いたものの帳簿価額からそのときの処分見込額を控除した金額を損金として処理します。

③ 劣化等による減耗分の補充をした場合には、その補充に要した金額をそのつど損金として処理します。

【図表74　数量的摩耗の補充する資産の償却方法】

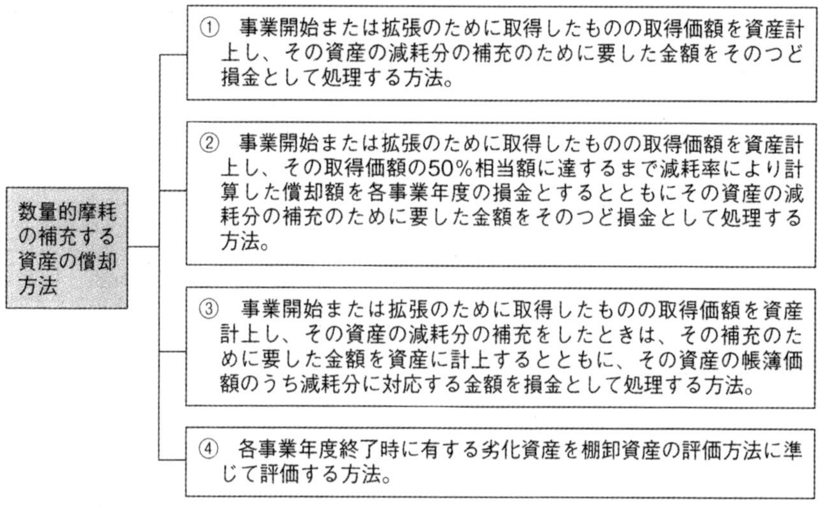

数量的摩耗の補充する資産の償却方法

① 事業開始または拡張のために取得したものの取得価額を資産計上し、その資産の減耗分の補充のために要した金額をそのつど損金として処理する方法。

② 事業開始または拡張のために取得したものの取得価額を資産計上し、その取得価額の50%相当額に達するまで減耗率により計算した償却額を各事業年度の損金とするとともにその資産の減耗分の補充のために要した金額をそのつど損金として処理する方法。

③ 事業開始または拡張のために取得したものの取得価額を資産計上し、その資産の減耗分の補充をしたときは、その補充のために要した金額を資産に計上するとともに、その資産の帳簿価額のうち減耗分に対応する金額を損金として処理する方法。

④ 各事業年度終了時に有する劣化資産を棚卸資産の評価方法に準じて評価する方法。

図表74の②における減耗率は、次の計算式により算出します。

$$減耗率 = \frac{一の設備における1年間の減耗分の数量}{一の設備に使用されている数量} \times \frac{事業年度の月数}{12}$$

♠少額な劣化資産は

少額な劣化資産は、損金処理がみとめられます。

1つの設備に通常使用される劣化資産で、その取得価額がおおむね60万円未満のものは、事業の用に供したつど損金処理することができます。

Q41 生物ってなに・償却方法は

Answer Point

♤生物の減価償却方法等は、生産のためや鑑賞・貸付用等の所有目的により決定されます。

♤販売用の生物は棚卸資産であり、減価償却資産ではありませんので、減価償却の対象とはなりません。

♠生物は所有目的により減価償却方法等が変わる

生物について減価償却をする場合、どのような目的により所有しているかにより、耐用年数や選択できる減価償却方法に違いがあります。

まず、鑑賞用や貸付用等として所有する生物は器具及び備品に該当しますので、器具及び備品と同様に、耐用年数を決定するとともに、定額法及び定率法を選択適用することができます。

しかし、生産をするために所有する生物については、耐用年数省令別表第四により定められている耐用年数を使用し、また、減価償却方法は定額法に限られます。

また、育成中の生物は、事業の用に供しているとはいえませんので、その生物が成熟するまでは、減価償却することはできません。

販売用として所有している生物については、減価償却資産ではなく、棚卸資産ですので、減価償却の対象とはなりません。

♠生物の成熟というのは

生産をするために所有する生物は、その成熟の年齢（樹齢）となった月から減価償却を行うことができますが、成熟の判断については、次の２つがあります。

(1) 牛馬等については、通常事業の用に供する年齢とします。ただし、現に事業の用に供するに到った年齢がその年齢後であるときは、現に事業の用に供する到った年齢。

(2) 果樹等については、当該果樹等の償却額を含めて通常の場合におおむね収支相償うに到ると認められる樹齢。

ただし、その判定が困難な場合は、定められた年齢によることができます。

Q42 減価償却資産の償却方法の届出は

Answer Point

♤減価償却資産の償却方法についてどの償却方法を選択するかを届け出る手続です。
♤平成19年4月1日以降取得の資産については、償却方法のみなし選定があります。

♠償却方法の選定は重要

減価償却は、減価償却資産の経済的減価と機能的減価を考慮して、その程度を当該資産の使用期間に費用化する手続です。これらの手続は、あくまでも想定に基づいた計算上の費用であるにもかかわらず、減価償却資産の保有金額によっては、費用の中でも大きな割合を占める場合もあり、減価償却資産について、どのように費用化するかは、課税所得や期間利益の観点からも大きな問題です。

減価償却費の計算では、当該資産の耐用年数と償却方法によって、計算されますが、法人税法上課税の公平性の観点から、両者を決定しています。

とくに、償却方法については、すべての資産を一律に決定することは難しく、また、使用状況等によっても減価の状況が異なる場合があります。

このため、法人税法上は、各資産の種類ごとに法定の方法を設定しています。

【図表75　平成19年4月以降に取得した減価償却資産の法定償却方法】

資産の区分	選定可能	法定償却方法
①　建物、建物附属設備、構築物（注1）	定額法	定額法
②　機械及び装置、船舶、航空機、車両及び運搬具、工具並びに器具及び備品（注1）	定額法又は定率法	定率法
③　鉱業用減価償却資産	定額法、定率法、生産高比例法（注2）	生産高比例法（建物等は定額法）
④　無形固定資産（注2）及び生物	定額法	定額法
⑤　鉱業権	定額法、生産高比例法	生産高比例法
⑥　リース資産	リース期間定額法	リース期間定額法

注1　鉱業用減価償却資産及びリース資産を除く。
注2　建物、建物附属設備、構築物は定率法は選定できません。

♠減価償却資産の償却方法の届出は

減価償却を法定の償却方法以外の別の方法で減価償却を行いたい場合を考え、法人税法上選択可能な方法を設定しています。

会社は、資産の種類はもとより同一種類の資産であったとしても、事業所または、船舶ごとに償却方法を設定することが可能です。

これらの申請は、確定申告書の提出期限までに、「減価償却資産の償却方法の届出」を納税地の所轄税務署長に届け出る必要があります。

なお、一度届け出た償却方法を変更する場合には、Q43の「償却方法を変更したときは」に記載のように、変更しようとする事業の開始事業年度までに、納税地の税務署長の承認が必要となります。

また、減価償却資産を取得したにもかかわらず、償却方法を選択していない場合で、一旦法定の償却方法で償却を行った場合にも、償却方法の変更として承認が必要になります。

♠減価償却資産の償却方法の届出手続は

減価償却資産の償却方法の届出手続は、図表76のとおりです。減価償却資産の償却方法の選定は届出を行うことで、その方法を選択することが可能なことから、当該資産につき始めて償却を行う事業年度の確定申告書の提出期限までに届出を行います。

このため、提出期限は、取得の状況により場合分けされています。

【図表76　減価償却資産の償却方法の届出手続】

項　目	説　明	
①　提出期限	法人を設立した場合	設立第１期の確定申告書の提出期限
	すでに償却方法を選択している減価償却資産以外の資産を取得した場合	その、減価償却資産を取得した日の属する事業年度の確定申告書の提出期限
	新たに、事業所等を設置し、別の償却方法を設定する場合	新たに事業所を設けた日の属する事業年度の確定申告書の提出期限
②　提出方法	届出書を所轄の税務署に提出又は送付	
③　手数料	不要	

♠事業所を開設した場合の償却方法の選択は

特に、新たに事業所等を設置した場合は、事業所の開設した事業年度の確定申告書の提出日までに選択した償却方法を届け出ます。

届出がない場合は通常、当該事業所は法定の償却方法が採用されることになりますが、もし、同一種類の資産で法定償却方法以外の償却方法を納税地の事業所で届出を行っていた場合には、その事実が優先されることになり、仮に事業所が法定の償却方法を採用しようする場合には、逆に法定の償却方法を利用する旨を届出しなければ、納税地の事業所で届出を行った償却方法を選択したものとみなされることになります。

これらの事業所の規定は、営業譲渡等によって事業所を取得した場合も同様です。このため、営業譲渡等により資産を取得する場合、取得前の減価償却の方法が異なっている場合があり、特に特殊な方法で償却を行っていた場合などは減価償却費の計上額が異なってくる場合もあり、注意が必要です。

♠平成19年度税制改正の措置は

通常は、減価償却資産の償却方法は、当該資産の償却を開始する事業年度の確定申告書の提出前に償却方法を届け出るか、法定の償却方法を採用するかを決定して減価償却費を計算します。

一方で、平成19年度の税制改正により、減価償却の計算が変更になりました。このため、平成19年4月1日以降取得の資産については、償却方法を届けていなかったもの、または平成19年3月31日以前取得の資産と同一資産があるものは、法定償却方法より優先して同じ償却方法が選定されたとみなされます。

特に、平成19年度の税制改正で、リース資産の処理方法が変更になっており、当該規定はリース資産の処理方法の変更も該当します。

【図表77　償却方法の選択】

区　分	償却方法
❶　平成19年3月31日以前取得	①「減価償却資産の償却方法の届出書」により選択した償却方法を適用されます ②　①を提出していない場合は、法定償却方法が適用されます
❷　平成19年4月1日以後取得	①「減価償却資産の償却方法の届出書」により選択した償却方法が適用されます ②　①を提出しておらず、かつ、平成19年3月31日以前に取得をされた資産と同一の区分に属するものについては、以前と同じ償却方法を選定したとみなされ、適用されます ③　①を提出しておらず、かつ、②にも該当しないときは、法定償却方法が適用されます

Q43 償却方法を変更したときは

Answer Point

♤既に選定している減価償却資産の償却方法を変更する場合の手続です。

♤償却計算の変更の届出書の提出をもって、その承認があったものとみなされます。

♠償却方法の変更をするには

法人が、合併等による特別な事情により、既に選定している減価償却試算の償却方法を変更する場合、「減価償却資産の償却方法の変更の承認の申請書」を納税地の所轄税務署長に提出し承認を受けます。

なお、償却方法の変更申請は、その法人が現によっている償却の方法を採用してから相当期間を経過していないときは、承認されません。相当期間とは、おおむね３年といわれています。

♠減価償却資産の償却方法の変更の承認申請手続は

減価償却資産の償却方法の変更の承認申請手続は、図表78のとおりです。

【図表78　減価償却資産の償却方法の変更の承認申請手続】

項　目	説　　明
①　提出時期	新たに償却方法を採用しようとする事業年度開始の日の前日まで。
②　提出方法	届出書を所轄の税務署に提出または送付。
③　手数料	不要。
④　適用時期	承認を受けた日の属する事業年度から承認を受けた耐用年数を適用できます。

♠償却方法の変更について

平成19年４月１日以降最初に終了する事業年度において、償却方法等を変更しようとする場合は、その事業年度の確定申告書の提出期限までに、新たな償却の方法、変更しようとする理由などを記載した届出書を所轄税務署長に提出したときには、その届出書の提出をもって償却方法の変更の承認があったものとみなされます。

Q44 特別な償却方法の承認申請は

Answer Point

♤減価償却を旧定額法、旧定率法、旧生産高比例法、定額法、定率法または生産高比例法以外の特別な償却方法により行おうとする場合の手続です。

♤要件は３つあります。

♠特別な償却方法の承認の申請のポイントは

減価償却資産は、同一資産であったとしても、その利用状況等に法定で定められた定額法、定率法や生産高比例法以外の減価償却の方法によったほうがその減価償却資産の実情を反映しやすい場合があります。

その場合、当該資産の償却方法につき「特別な償却方法の承認の申請書」を提出します。

そこで、納税地の所轄税務署長に種類、構造、属性、使用状況等からみてその減価償却資産の償却につき適合するものであるかどうか、償却限度額の計算の基礎となる残存価額、償却率、生産高等が合理的に算定されているかどうか等を勘案して承認の適否を判定されます。

♠特別な償却方法の承認要件は

この場合に、その方法が図表79の要件に該当するものであるときは、申請

【図表79　特別な償却方法の承認要件】

特別な償却方法の承認要件

① その方法が算術級数法(級数法)のように定率法や定額法に類するものであるときは、その償却年数が法定耐用年数より短くなく、残存価額が取得価額の10%相当額以上であること。

② その方法が生産高、使用時間、使用量等を基礎とするものであるときは、その方法がその減価償却資産の償却につき定率法や定額法より合理的なものであり、かつ、その減価償却資産にかかる総生産高、総使用時間、総使用量等が合理的に計算されるもので、その残存価額が取得価額の10%相当額以上であること。

③ その方法が取替法に類するものであるときは、申請に係る減価償却資産の属性、取替状況等が取替法の対象となる減価償却資産に類するものであり、その取得価額の50%相当額に達するまで定率法等により償却することとされていること。

した償却方法にて承認されることとされています。

♠そもそも最適な償却方法というのは

減価償却資産の減価償却は、経済的減価や機能的減価に配慮して、耐用年数や償却の方法を選択することが必要です。減価償却本来の目的からすれば、減価償却資産の特性に応じた方法で償却を行い費用化するものです。

償却は、取得減価の配分であることから、時の経過に応じて、どのように減価することが、一番適切であるか、また、毎期同様の方法で行えるためにはどのような係数が必要かという観点から複数考案されています。

♠特別な償却方法というのは

特別な償却方法の具体例としては、級数法・償却基金法・時間比例法等があります。

ただし、取替法または特別な償却率により償却を行っている減価償却資産についてはこの申請の対象ではありません。

注：級数法とは、定率法の簡易版として算術級数を用いて計算する方法。
償却基金法とは、通常の減価償却費を計上すると同時に、それと同額の資金を償却基金として企業外部に投資するため、投資から生ずる利息を償却基金に繰入れ、同額の減価償却費を計上する方法
時間比例法とは、生産高比例法と類似した方法で、機械等運転時間に比例して減価償却費を算定する方法。

♠特別な償却方法の承認申請手続は

特別な償却方法の承認申請手続は、図表80のとおりです。

【図表80　特別な償却方法の承認申請手続】

項　目	説　　　明
①　提出期限	特に定められていません。
②　提出方法	申請書を所轄の税務署に提出または送付（２部）。
③　手数料	不要。
④　添付書類	・特別な償却方法の算式について、申請書内に記載しきれない場合その詳細を別紙に記載し、添付します。 ・特別な償却方法を採用しようとする理由について、申請書内に記載しきれない場合その詳細を別紙に記載し、添付します。
⑤　適用時期	承認を受けた日の属する事業年度から承認を受けた償却方法を適用できます。

Q45 取替法の採用承認の申請は

Answer Point

♤減価償却を旧定額法、旧定率法、旧生産高比例法、定額法、定率法または生産高比例法以外の取替法により行おうとする場合の申請の手続です。

♤取替法は、減価償却ではありません。

♠取替法というのは

法人は、業種業態とも実に様々あります。そのため、法定で定められた定額法、定率法または生産高比例法以外の減価償却の方法によったほうがその実情を反映できると認められる場合、それ以外の方法で費用を計上していくことができます。

1つひとつの資産は、多数の部品で構成されている場合、その部品を取り替えることや、一定の改良修繕を行い続けることにより、当該資産が半未来永劫的に使用できる状態であるとすれば、当該資産は経済的、機能的には減価していないと考えられます。

しかし、当該部品の取替や修繕がいわゆる資本的支出とされ、資産の取得減価の一部に含まれていくとするならば、資産の取得原価は、増大して行きます。

そこで、上述のような、特殊な資産の場合には、従来の減価償却にかえて、部品の交換に要した支出や改良修繕に要した支出を費用として計上することで、他の資産の減価償却費の代わりにしようとする考え方を取替法といいます。

減価償却では、その耐用年数やその償却方法の継続選択など、様々な制約をつくっています。このため、減価償却を選択した場合と取替法を選択した場合に有利、不利が出ないように、取替法が適用できる資産を限定し、取替法適用の条件に合致した場合のみ取替法が減価償却に換えて利用できるようにしています。

計算方法は、図表81の(1)と(2)の合計額を償却限度額として算定されます。

♠取替資産の範囲は

取替資産とは、同種の物品が多数集まって、1つの全体を構成し、老朽品

【図表81　取替法の計算方法】

(1)	当該取替資産につきその取得価額の100分の50に達するまで旧定額法、旧定率法、定額法または定率法のうちいずれかの方法により計算した金額。
(2)	当該取替資産が使用に耐えなくなつたため当該事業年度において種類及び品質を同じくするこれに代わる新たな資産と取り替えた場合におけるその新たな資産の取得価額で当該事業年度において損金経理をしたもの。

の部分的取替を繰り返すことにより全体が維持されるような固定資産をいいます。

具体的には、図表82の資産が該当します。

【図表82　取替資産の範囲】

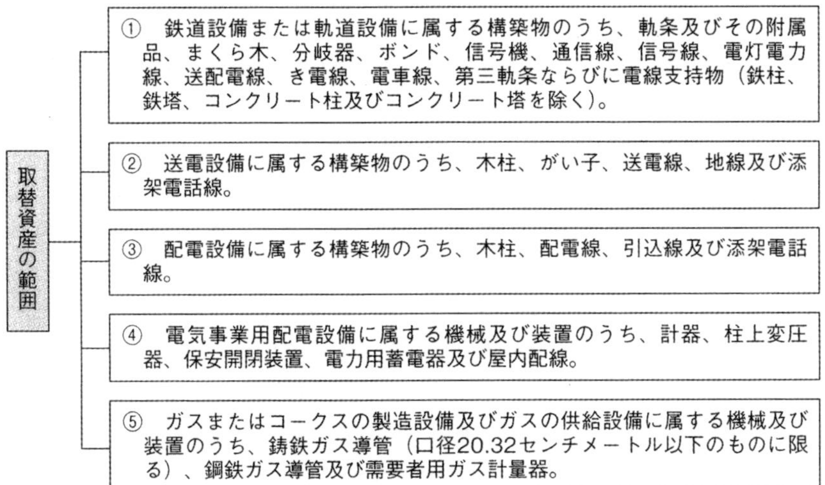

取替資産の範囲
①　鉄道設備または軌道設備に属する構築物のうち、軌条及びその附属品、まくら木、分岐器、ボンド、信号機、通信線、信号線、電灯電力線、送配電線、き電線、電車線、第三軌条ならびに電線支持物（鉄柱、鉄塔、コンクリート柱及びコンクリート塔を除く）。
②　送電設備に属する構築物のうち、木柱、がい子、送電線、地線及び添架電話線。
③　配電設備に属する構築物のうち、木柱、配電線、引込線及び添架電話線。
④　電気事業用配電設備に属する機械及び装置のうち、計器、柱上変圧器、保安開閉装置、電力用蓄電器及び屋内配線。
⑤　ガスまたはコークスの製造設備及びガスの供給設備に属する機械及び装置のうち、鋳鉄ガス導管（口径20.32センチメートル以下のものに限る）、鋼鉄ガス導管及び需要者用ガス計量器。

♠取替法の採用承認の申請手続は

取替法の採用承認の申請手続は、図表83のとおりです。

【図表83　取替法の採用承認の申請手続】

項　目	説　　明
①　提出期限	採用しようとする事業年度開始の日の前日まで。
②　提出方法	申請書を所轄の税務署に提出・送付。
③　手数料	不要。
④　添付書類	申請にあたり、申請書内に記載しきれない場合その詳細を別紙に記載し、添付します。
⑤　適用時期	申請書に記載した事業年度から適用されます。

Q46 リース資産の償却方法は

Answer Point

♤税法上、認められる所有権移転外ファイナンス・リース取引の減価償却方法はリース期間定額法のみです。

♤所有権移転ファイナンス・リース取引の減価償却方法は、自己の固定資産に適用する方法によります。

♠リース取引の種類は２種類

今日のわが国で経済用語として使われているリースは、明確な定義はないものの、通常「企業が必要とする機械設備等を企業に変わってリース会社が購入し、比較的長期にわたり一定のリース料を受け取ることを条件にその物件を賃貸すること」をいいます。

リース取引は、契約内容の違いによって、ファイナンス・リースとオペレーティング・リースの２種類に分類することができます。

ファイナンス・リース取引とは、リース契約に基づくリース期間の途中において当該リース契約を解除することができないリース取引またはこれに準ずるリース取引で、借手が、当該契約に基づき使用する物件からもたらされる経済的利益を実質的に享受することができ、かつ、当該リース物件の使用に伴って生じるコストを実質的に負担することになるリース取引をいいます。

また、オペレーティング・リース取引とは、ファイナンス・リース以外のリース取引をいいます。

具体的には、中途解約不能で、かつフルペイアウトのリース取引のことをいいます。

♠解約不能とフルペイアウト

解約不能とは、契約上中途解約ができない場合のほか、解約時に相当の違約金を支払うこと等経済的な合理的判断に基づいて事実上解約できない場合も含まれます。

リース会計基準の適用指針では、事実上解約できない場合として次の(1)(2)のような取引を示しています。

(1)　解約時に、未経過のリース期間にかかるリース料の概ね全額を、規定損害金として支払うこととされているリース取引。

(2) 解約時に、未経過のリース期間にかかるリース料から、借手の負担に帰属しない未経過のリース期間にかかる利息等として、一定の算式により算出した額を差し引いたものの概ね全額を、規定損害金として支払うこととされているリース取引。

フルペイアウトとは、図表84の２つの条件のうちどちらかに該当することで、該当する場合には、ファイナンス・リース取引と判定されます。

【図表84　フルペイアウトの判定基準】

基　準	内　　容
①　現在価値基準	解約不能のリース期間中のリース料総額の現在価値が合理的見積金額のおおむね90%以上である場合（当該リース物件を借手が現金で購入するものと仮定）。
②　経済的耐用年数基準	解約不能のリース期間が、当該リース物件の経済的耐用年数のおおむね75%以上である場合。

♠ファイナンス・リース取引はさらに２種類に分類

ファイナンス・リース取引は、さらに所有権移転ファイナンス・リース取引と所有権移転外ファイナンス・リース取引の２種類に分類することができます。

ファイナンス・リース取引のうち、所有権移転ファイナンス・リース取引とは、図表85の３つのうち、いずれかに該当する取引をいいます。

また、所有権移転外ファイナンス・リース取引とは、それ以外のファイナンス・リース取引をいいます。

【図表85　所有権移転ファイナンス・リース取引の判定基準】

基　準	内　容
①　所有権移転基準	リース契約上、リース期間終了後または、リース期間の中途でリース物件の所有権が借手に移転することとされているリース取引。
②　割安購入権選択基準	リース契約上、借手に対して、リース期間終了後またはリース期間の中途で、名目的価額またはその行使時点のリース物件の価額に比して著しく有利な価額で買い取る権利が与えられており、その行使が確実に予想されるリース取引。
③　特別仕様基準	リース物件が、借手の用途等に合わせて特別の仕様により製作または建設されたものであって、当該リース物件の返還後、貸手が第三者に再びリース・売却することが困難であるため、その使用期間を通じて借手によってのみ使用されることが明らかなリース取引。

【図表86　リース取引の判定】

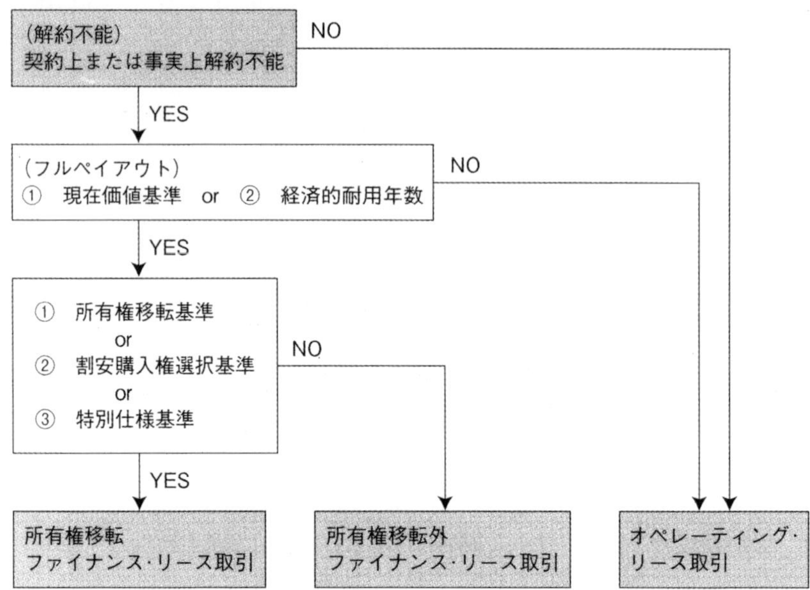

♠リース取引に伴う会計処理方法は

リース取引は、その種類によって会計処理の方法が定められており、平成20年４月１日以降開始事業年度以降とそれ以前とで変更がありました。

以前は、図表87のとおり、所有権移転外ファイナンス・リース取引においては、例外処理として賃貸借処理が認められていましたが、変更後は例外処理が認められなくなり、すべて売買処理を行うこととなりました。

【図表87　リース取引に伴う会計処理方法】

取引の分類		処理方法	
		適用前	適用後
ファイナンス・リース	所有権移転	売買処理	売買処理
	所有権移転外	原則：売買処理 例外：賃貸借処理	売買処理
オペレーティング・リース		賃貸借処理	賃貸借処理

♠リース取引と減価償却資産は

リース取引で減価償却が関係する場合は、売買処理を行った場合に限られます。

賃貸借処理を行った場合には、リース料支払時に費用処理するのみで減価償却資産の計上はされませんので、減価償却の対象となる資産が計上されません。

したがって、所有権移転ファイナンス・リース取引の場合と所有権移転外ファイナンス・リース取引を原則処理した場合に減価償却が行われることとなります。

今回のリース会計基準の変更は、所有権移転外ファイナンス・リース取引において例外処理が認められなくなったことで、会計上の減価償却方法には変更はありません。

具体的な方法は、図表88のとおりです。

【図表88　会計上の減価償却方法】

項　目	説　　明
❶ 所有権移転ファイナンス・リース取引の場合	① 自己の固定資産に適用する減価償却方法と同一の方法により減価償却額を算定。 ② 耐用年数は、経済的使用可能予測期間。
❷ 所有権移転外ファイナンス・リース取引の場合	① リース期間を耐用年数とし、残存価額をゼロとして減価償却費相当額を算定。 ② 再リース期間をファイナンス・リース取引の判定においてリース期間に含めている場合は、耐用年数に含める。 ③ 残価保証がある場合は、当該残価保証額を残存価額とする。 残価保証とは、リース契約においてリース期間終了時にリース物件の処分価額が契約上定めた保証金額に満たない場合、借手がその不足額を保証することをいいます。 ④ 償却方法は、定額法、定率法、級数法、生産高比例法等の中から、企業の実態に応じたものを選定。

ただし、税法上では、リース会計基準適用前は、所有権移転外ファイナンス・リース取引の減価償却方法が、減価償却資産により、定額法や定率法等が選択できましたが、適用後はリース期間定額法のみの適用となりました。

リース期間定額法とは、リース期間を耐用年数として、定額法により、取得価額総額を各期に配分する方法をいいます。

ただし、税法において本来、減価償却費が損金として認められるには、会計上減価償却費等として費用処理することが必要でありましたが、借手がリース料や賃借料等として損金経理した金額は「償却費」として損金経理したとみなされることとなりました。

このため、所有権移転外ファイナンス・リース取引の場合は、実質的には従来どおりの賃貸借処理が可能となります。

Q47 リース資産の償却方法にかかる旧リース期間定額法の届出は

Answer Point

♤リース賃貸資産の償却方法に、旧リース期間定額法を選定する場合の届出の手続です。

♤貸手側の届出です。

♠リース賃貸資産の償却方法にかかる旧リース期間定額法の届出というのは

平成20年3月31日までに締結された所有権移転外ファイナンス・リース取引契約について、賃貸人のリース資産の償却方法について、これまで届出をしていた償却方法にて償却をすることとされていました。

新たに、従前に届出をしていた償却方法に代えて、旧リース期間定額法を選択適用することもできるようになりました。

選択する際、「リース賃貸資産の償却方法に係る旧リース期間定額法の届出」を提出することになります。

♠リース期間定額法の計算は

リース期間定額法の計算式は、次のとおりです。

$$\text{期首帳簿価格（＊1）} \times \frac{\text{当期の月数}}{\text{残存リース期間}} = \text{償却額}$$

＊1　残価保証額がある場合は、控除する。

【図表89　所有権移転外ファイナンスリースの改正前後の比較】

	従　前	改正後
資産購入時	（借）賃貸資産××（貸）現金××	（借）賃貸資産××（貸）現金××
リース料受取時	（借）現金×× （貸）リース料収入××	（借）現金××（貸）リース債権×× （貸）利息相当額××
償却時	（借）減価償却費×× （貸）賃貸資産××	—

ココの部分。
この減価償却の償却方法を、残存リース期間で償却することを選択するために、「リース賃貸資産の償却方法にかかる旧リース期間定額法の届出」を提出します。

♠リース賃貸資産の償却方法にかかる旧リース期間定額法の届出手続は

リース賃貸資産の償却方法にかかる旧リース期間定額法の届出手続は、図表90のとおりです。

【図表90　リース賃貸資産の償却方法にかかる旧リース期間定額法の届出手続】

項　目	説　　明
①　提出期限	採用しようとする事業年度の確定申告書提出期限まで。
②　提出方法	届出書を所轄の税務署に提出または送付。
③　手数料	不要。
④　添付書類	申請にあたり、申請書内に記載しきれない場合その詳細を別紙に記載し、添付します。
⑤　適用時期	届出書に記載した事業年度。

♠リース資産の借手側の会計処理も変更

借手側では、平成20年４月１日以降、リース会計基準が変更になり、従来において、賃貸借処理をしていたファイナンス・リース取引については、売買処理を行うことになりました。

売買処理のもとで、資産化されたリース資産の減価償却については、従来の同様の資産の償却方法に加えて、リース期間にわたり一定額を償却する「リース期間定額法」を採用することが可能になりました。

これは、従来のリース料を費用として計上していた場合と比べ、同額程度の費用化ができるように配慮されました。

これに対して、法人税法上はリース資産については、リース資産定額法のみの適用となりました。このため、届出の有無にかかわらずリース期間定額法の適用になります。

なお、平成19年３月31日以前に契約したファイナンス・リース取引については、売買処理に変更、もしくはそのまま従前の賃貸借処理を続けるという方法の選択適用が可能です。

売買処理に変更した場合は、資産計上するとともにリース期間定額法にて減価償却を行うことになります。

賃貸借処理のまま継続した場合は、賃借料を通じて費用化されることになります。

Q48 ソフトウェアの償却方法は

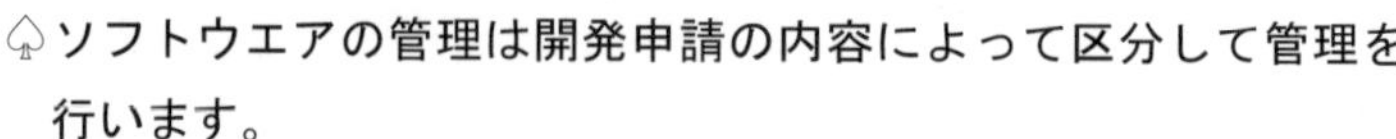

Answer Point

♤ソフトウエアの管理は開発申請の内容によって区分して管理を行います。

♤ソフトウエアの計上は企業会計上では、製作目的別に把握します。

♤ソフトウエアの税務上の処理は、購入価額または自社製作の場合はその製作に直接要した費用を取得価額として資産計上します。

♠ソフトウエアの分類

ソフトウエアとは、コンピュータ・ソフトウエアのことを指し、コンピュータに一定の仕事をさせるためのプログラム、システム仕様書、フローチャート等の関連文書も含んでいます。

ソフトウエアの開発管理はこれらを含んで管理します。ソフトウエアは、①受注製作、②市場販売を目的とした製作、③自社で利用するための製作があり、ソフトウエアに関する開発管理は、取得形態ではなく、製作形態で分類します。

♠ソフトウエアの管理

ソフトウエアの開発管理は、製作形態で処理するため、製作に関する管理コントロールが中心になります。ソフトウエア管理は、①ソフトウエア製作申請の管理、②ソフトウエア製作実行の管理、③ソフトウエア台帳の管理、④ソフトウエアの減価償却に区分して行います。

ソフトウエアの製作申請の管理は、自社利用のソフトウエアであれ、販売目的のソフトウエアであれ、ソフトの開発には、一定の時間とノウハウが必要となります。特に、販売目的のものについては、特に市場販売については、販売本数が重要なファクターとなります。また、自社利用の場合は、その製作目的が重要になります。

次にソフトウエア実行の管理は、ソフトウエアの製作を実際に行うものですが、申請内容どおりに製作されているかについて検証を行います。ソフトウエアの製作の完了事実を示す証憑書類を収集するとともにその製作内容を検証することで正確な会計処理を実行します。

ソフトウエアの台帳管理は、ソフトウエアを適正原価計算の下取価額を決定し、無形固定資産として計上します。特に、市場販売目的のソフトウエアは、販売ソフトのコピー原本であり、また、自社利用ソフトウエアは、そのソフトウエアを事業の用に供しているため両者とも資産計上されますが、それぞれの計上目的はことなることから、両者は明確に区分して計上、管理する必要があります。減価償却においても両者を分けて耐用年数が規定されていることから、当初の申請どおりに固定資産台帳に記録、管理されることになります。

♠ソフトウエアの計上

企業会計上ソフトウエアは、製作目的別に①特定の研究開発目的、②受注製作、③市場販売目的、④自社利用目的の４つに区分されます。

① 特定の研究開発目的は、企業の今後の製品開発等の研究的要素が大きいことから、かかった費用すべてを研究開発費として処理されます。

② 受注製作目的は、請負契約に基づき、請負工事の会計処理に準じて処理します。受注単位ごとに個別原価計算を用いて原価が集計され、当該ソフトの完成時には、売上原価に振り替えられます。

③ 市場販売目的の製作は、研究開発費に該当する部分を除き、資産として計上します。研究開発費との区分については、「最初に製品化された製品のマスターの完成時点」までの活動は研究開発費であり、ここまでの費用は研究開発費として費用処理します。すなわち開発分ではなく、コピー原本として直接的に支出した分だけ資産計上します。

④ 自社利用目的の製作は、将来の収益獲得または費用削減が確実と認められるものについて、ソフトウエアとして無形固定資産計上します。確実と認められない場合は、費用として処理します。

♠税務上の処理

ソフトウエアは、減価償却資産(無形固定資産)に該当し、その取得価額及び耐用年数は次のとおりです（国税庁ホームページより)。

1　取得価額

⑴　取得の形態による取得価額の計算方法

イ　購入した場合

購入の代価＋購入に要した費用＋事業の用に供するために直接要した費用

この場合、そのソフトウエアの導入にあたって必要とされる設定作業及び自社の仕様に合わせるために行う付随的な修正作業等の費用の額は、取得価額に算入します。

ロ　自社で製作した場合

製作等に要した原材料費、労務費及び経費の額＋事業の用に供するために直接要した費用

⑵　取得価額に算入しないことができる費用

次のような費用は、取得価額に算入しないことができます。

イ　製作計画の変更等により、いわゆる仕損じがあったため不要となったことが明らかであるものにかかる費用

ロ　研究開発費（自社利用のソフトウエアについては、その利用により将来の収益獲得または費用削減にならないことが明らかであるものに限ります）

ハ　製作等のために要した間接費、付随費用等で、その合計額が少額（その製作原価のおおむね3％以内の金額）であるもの

2　耐用年数

ソフトウエアの耐用年数については、「複写して販売するための原本」及び「研究開発用のもの」は3年、「その他のもの」は5年です。

♠ソフトウエアの修正したときは

ソフトウエアに関する追加支出については、修繕費となる場合と資本的支出として資産計上する場合があります。

例えば、ソフトウエアの不具合を修正した場合の支出については、新しく機能の追加や向上があるわけではないので、修繕費として処理します。

また、いわゆるバージョンアップといわれるような追加支出であれば、機能追加や向上があるのが通常なので、資本的支出として資産計上することになります。

OSなどの基本ソフトのバージョンアップに伴う追加的支出の場合にも同様の考え方で修繕費か資本的支出か判断することになります。

法人が、その有するソフトウエアにつきプログラムの修正等を行った場合において、当該修正等が、プログラムの機能上の障害の除去、現状の効用の維持等に該当するときはその修正等に要した費用は修繕費に該当し、新たな機能の追加、機能の向上等に該当するときはその修正等に要した費用は資本的支出に該当することに留意します（法人税法基本通達7－8－6の2）。

 ホームページの作成費用の扱いは

Answer Point

♤ホームページ作成費用が広告宣伝費とならない場合があります。
♤将来の改良される可能性の高い部分は区分しておきます。

♠ホームページ作成費用は資本的支出か？

インターネット上に広告宣伝用のホームページを開設した場合にその制作のために業者に委託した費用は、広告宣伝費等として一時の損金にするのでしょうか。それとも、繰延資産として償却するのでしょうか。

通常、ホームページは企業や新製品のPRのために制作されるものであり、その内容は頻繁に更新されるため、開設の際の制作費用の支出の効果が1年以上には及ばないと考えられますので、ホームページの制作費用は、原則として、その支出時の損金として取り扱うのが相当であると考えられます。

ただし、ホームページの内容が更新されないまま使用期間が1年を超える場合には、その制作費用はその使用期間に応じて償却します。

また、制作費用の中にプログラムの作成費用（ソフトウェアの開発費用）が含まれるようなホームページについては、その制作費用のうちプログラムの作成費用に相当する金額は無形減価償却資産（ソフトウェア）として耐用年数「5年」を適用して償却することとなります（国税庁タックスアンサーより）。

♠ホームページ作成費用の区分管理

インターネット上の広告宣伝として企業の概要や取扱商品の説明を記載したホームページを作成することが一般的になっています。新着情報や新製品の案内など短期間で更新する情報もありますが、商品を購入できるようにショッピングカートなどを組み込んでいる場合には、かなり高額な支出となる場合もあります。その場合には資本的支出として資産計上し減価償却をしていくことになりますが、将来的な改良の可能性を考えるとプログラムの作成費用のうち基幹部分と更新される可能性がある部分及び支出時に費用処理されるべき部分を区分して記載した請求書を入手して保管しておくことが必要です。

ホームページ更新のための支出はこれに対応して除却すべき部分を明確にする必要があり、それが区分されていなければ損金算入時期が遅れてしまいます。

Q50 償却限度額の計算方法は

Answer Point

♤計算要素は、①取得価額、②耐用年数、③残存価額、④償却方法です。

♤新制度では、残存価額が廃止され、１円まで償却できるようになりました。

♠償却限度額というのは

法人税法では、各事業年度の所得の金額の計算上損金の額に算入される減価償却費は、償却費として損金経理した金額のうち、法人が当該資産について選定した償却方法に基づき政令で定めるところにより計算した金額（償却限度額といいます）に達するまでの金額であるとされています。

本来、減価償却はそれぞれの法人の見積計算によるべきものですが、それは同時に法人の恣意性が介入する余地を与えることにもつながってしまうので、課税の公平を図るために「償却限度額」の計算方法を法定化しているのです。

♠償却限度額の計算要素は

償却限度額の計算要素としては、図表91のものがあります。

【図表91　償却限度額の計算要素】

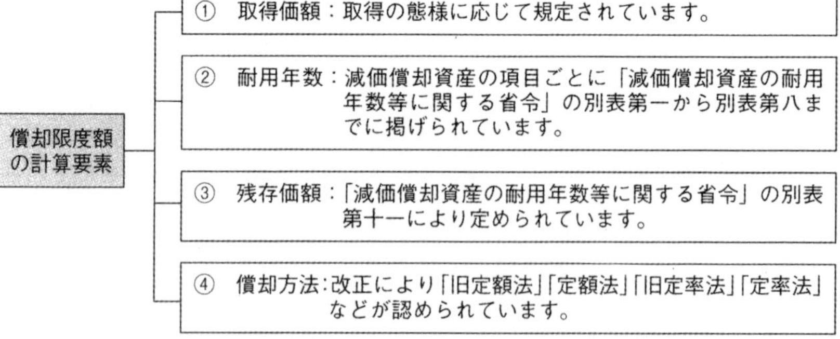

償却限度額の計算要素
①　取得価額：取得の態様に応じて規定されています。
②　耐用年数：減価償却資産の項目ごとに「減価償却資産の耐用年数等に関する省令」の別表第一から別表第八までに掲げられています。
③　残存価額：「減価償却資産の耐用年数等に関する省令」の別表第十一により定められています。
④　償却方法：改正により「旧定額法」「定額法」「旧定率法」「定率法」などが認められています。

♠残存価額の制度は廃止

「残存価額」とは、一般的に減価償却資産の廃棄に至ったときに売却して回収できる金額のことをいいます。

平成19年度税制改正で、従来の残存価額が廃止されました(備忘価額は1円)。従来は、除却するまでは償却可能限度額以上の償却は認められず、会社によっては多額の償却済資産の簿価が貸借対照表に計上されている状況でした。

改正により、除却前でも取得価額全額の損金算入が可能となり、以前より経済界から要望されていた償却済資産の簿価が実際の除却価値を上回るという問題点が解消されることになりました。

従来の「償却限度額」は、「取得価額—残存価額」という計算式で導かれていましたが、この「残存価額」が廃止されたことで平成19年３月31日以前に取得した減価償却資産については、償却可能限度額（95％）まで償却した事業年度等の翌事業年度以後５年間で１円まで均等償却できることになりました（詳しくは　Q59・Q61参照）。

従来の償却可能限度額（95％）まで償却済みの資産を多く所有する会社については、今後５年間は減価償却費が増加することになります。

♠減価償却限度額の変遷をみると

大正時代に減価償却制度が制定され取得価額の90％以上は償却を認めないこととされました。この時点では、償却可能限度額イコール残存価額でした。

その後、昭和39年の税制改正の際に償却可能限度額を95％とすることになったのですが、このときに償却計算の要素である残存価額は10％で据え置いたため理解が困難になりました。残存価額も５％にしてしまうと定率法の場合従来に比べて償却が進みすぎるという理由もあったそうですが、償却計算の要素としては残存価額10％を使用し、これとは別の概念として償却限度額を設定するということになり、現在に至っています。

現在、事業の国際化が進み、税法を含む会計処理基準がわが国企業のハンディキャップとならないような配慮が重要になってきています。このような観点で、減価償却制度を諸外国と比べると償却可能限度額を設けているのは、主要国のうちわが国のみという現状になっていました。固定資産の取得に要した費用を耐用年数内に100％費用化できないのは日本だけだったわけです。

平成19年税制改正では、このような要請から償却可能限度額は撤廃されました。償却計算の要素としての残存価額もゼロになり、固定資産の減価償却に関しては税法上のハンディキャップがなくなりました。減価償却計算については、法人税法が事実上の会計基準となっている現状を考えるとこのことは大きな意味があります。

Q51 旧定額法による償却限度額の計算方法は

Answer Point

♤従前の償却方法については、その計算のしくみが維持されつつ、その名称が「旧定額法」と改められました。

♤平成19年３月31日以前に取得した減価償却資産に適用されます。

♤償却累計額が償却可能限度額（取得価額の95％相当額）まで到達した後は、５年間で１円まで償却します。

♠償却可能限度額に到達する事業年度までは

減価償却資産の取得価額から残存価額を控除した金額を、耐用年数にわたり定額で償却します。

事業年度の途中で取得した減価償却資産の償却限度額は、次によります。

償却限度額＝（取得価額－残存価額）×償却率

残存価額は「減価償却資産の耐用年数等に関する省令」別表第十一、償却率は「減価償却資産の耐用年数等に関する省令」別表第九に掲げられているものを用います。

償却可能限度額（取得価額の95％相当額）に達するまで減価償却費を計上できるとされているため、耐用年数を経過した後も、取得価額の95％相当額に達するまで減価償却費を計上できます。

♠償却可能限度額に到達した事業年度の翌事業年度以後は

償却可能限度額（取得価額の95％相当額）まで達した事業年度の翌事業年度から５年間で、１円まで均等償却を行います。

償却限度額＝（取得価額の５％相当額－１円）×その事業年度の月数/60

１円を残すのは、金額に意味があるのではなく償却済みの資産の存在を台帳上に示しておくためです。帳簿上の価値はなくとも、会社の財産であることには変わりありません。

図解すると、図表92のとおりです。

設例でみてみましょう（図表93）。

【図表92　償却可能限度額に到達した後の償却限度計算】

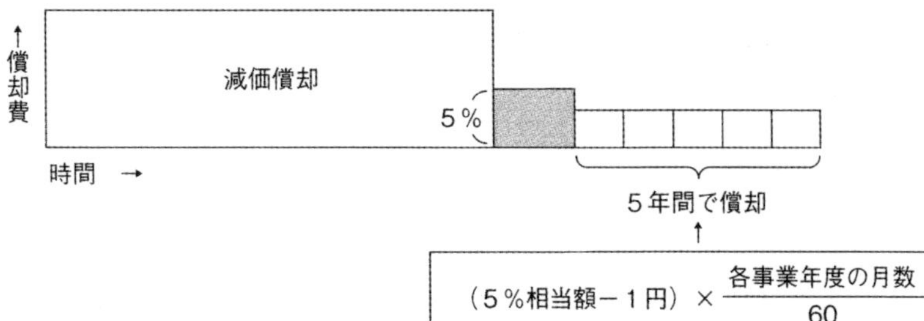

【図表93　計算例】

① 設例

取得価額　10,000,000円　　耐用年数　10年　定額法償却率　0.100

（単位：円）

経過年数	期首簿価	償却率	償却限度額	減価償却費
1年	10,000,000	0.100	900,000	900,000
2年	9,100,000	0.100	900,000	900,000
3年	8,200,000	0.100	900,000	900,000
4年	7,300,000	0.100	900,000	900,000
5年	6,400,000	0.100	900,000	900,000
6年	5,500,000	0.100	900,000	900,000
7年	4,600,000	0.100	900,000	900,000
8年	3,700,000	0.100	900,000	900,000
9年	2,800,000	0.100	900,000	900,000
10年	1,900,000		900,000	900,000
11年	1,000,000		500,000	500,000
12年	500,000		100,000	100,000
13年	400,000		100,000	100,000
14年	300,000		100,000	100,000
15年	200,000		100,000	100,000
16年	100,000		99,999	99,999
17年以降	1		－	－

② 償却費の計算

※1年目～10年目
（10,000,000円―1,000,000円）×0.100×12/12＝900,000円

※11年目
10,000,000円×95％－9,000,000円（償却累計額）＝500,000円

※12年目～15年目
（500,000円－1）×12/60=99,999円　⇒　100,000円

※16年目　備忘価格の1円は最終年度で反映させる
（500,000円－1）×12/60=99,999円

Q52 旧定率法による償却限度額の計算方法は

Answer Point

♤定率法は、償却費が毎年一定の割合で償却するように、耐用年数に応じた償却率により計算する方法です。

♤従前の償却方法については、その計算のしくみが維持されつつ、その名称が「旧定率法」と改められました。

♤平成19年３月31日以前に取得した減価償却資産に適用されます。

♤償却累計額が償却可能限度額（取得価額の95％相当額）まで到達した後は、５年間で１円まで償却します。

♠償却可能限度額に到達する事業年度まで

期首帳簿価額に、耐用年数に応じた償却率を掛けることにより償却費を計算します。

償却限度額＝期首帳簿価額×償却率

償却率は「減価償却資産の耐用年数等に関する省令」別表第九に掲げられえているものを用います。

償却可能限度額（取得価額の95％相当額）に達するまで減価償却費を計上できるとされているため、耐用年数を経過した後も、取得価額の95％相当額に達するまで減価償却費を計上できます。

♠償却可能限度額に到達した事業年度の翌事業年度以後

償却可能限度額（取得価額の95％相当額）まで達した事業年度の翌事業年度から５年間で、１円まで均等償却を行います。

償却限度額＝（取得価額の５％相当額－１円）×その事業年度の月数/60

１円を残すのは、金額に意味があるのではなく償却済みの資産の存在を台帳上に示しておくためです。帳簿上の価値はなくとも、会社の財産であることには変わりありません。

図解すると、図表94のとおりです。

設例でみてみましょう（図表95）。

【図表94　償却可能限度額に到達した後の償却費の計算】

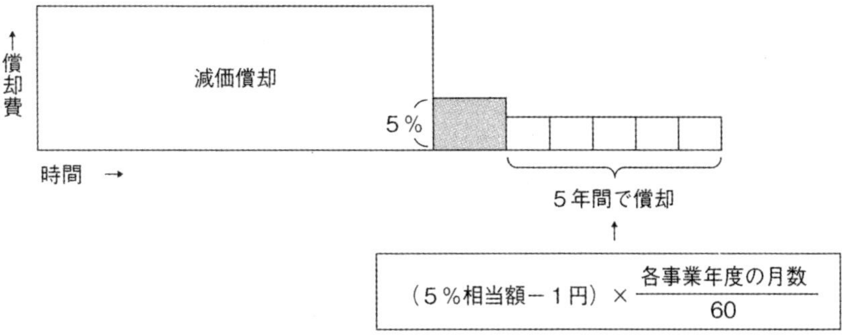

【図表95　計算例】

①　設例

取得価額　1,000,000円　　耐用年数　5年

（単位：円）

経過年数	期首簿価	償却率	償却限度額	減価償却費
1年	1,000,000	0.369	369,000	369,000
2年	631,000	0.369	232,839	232,839
3年	398,161	0.369	146,921	146,921
4年	251,240	0.369	92,707	92,707
5年	158,533	0.369	58,498	58,498
6年	100,035	0.369	36,912	36,912
7年	63,123		13,123	13,123
8年	50,000		10,000	10,000
9年	40,000		10,000	10,000
10年	30,000		10,000	10,000
11年	20,000		10,000	10,000
12年	10,000		9,999	9,999
13年	1		—	—

②　償却費の計算

※7年目について

1,000,000円×95％－936,877円（償却累計額）＝13,123円

※8年目～11年目について

（50,000円－1）×12/60＝9,999円　⇒10,000円

※12年目　備忘価格の1円は最終年度で反映させる

（50,000円－1）×12/60＝9,999円

新定額法による償却限度額の計算方法は

Answer Point

♤平成19年４月１日以降に取得した減価償却資産に適用されます。

♤平成19年３月31日以前に取得し、かつ、平成19年４月１日以後に事業の用に供した減価償却資産については、当該事業の用に供した日において取得したものとみなして、新たな減価償却制度を適用することになります。

♤残存価額を考慮せず、取得価額に直接、償却率を掛けます。

♠定額法というのは

定額法とは、減価償却資産の取得価額にその償却費が毎年同一となるように償却率を乗じた金額を各事業年度の償却限度額として償却する方法をいいます。

旧定額法と異なる点は、残存価額が廃止されたことにより、取得価額に対して直接、償却率を乗じて耐用年数にわたり定額で償却していきます。

ただし、耐用年数が経過する最終の事業年度は備忘価額（１円）を残す必要があります。

償却限度額＝取得価額×償却率

償却率は、「減価償却資産の耐用年数等に関する省令」別表第十に掲げられているものを用います。

図解すると、図表96のようになります（図表97の計算例参照）。

【図表96　新定額法による償却費計算】

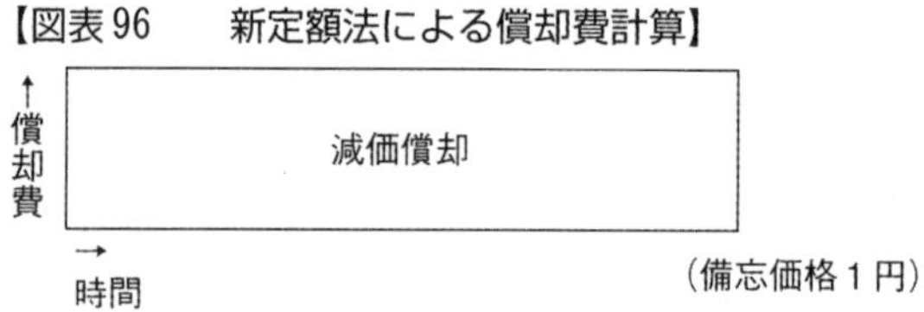

旧定額法のように残存価額を考慮する必要はありません。取得価額に直接償却率を乗じたものがそのまま償却限度額になります。見方を変えれば、取得価額を耐用年数で均等に割るだけです。

最後に備忘価額として１円を残す理由は、Q45､46で解説したとおりです。

【図表97　定額法の計算例】

① 設例
(単位：円)
取得価額　10,000,000円　耐用年数　10年　定額法償却率　0.100

経過年数	期首簿価	償却率	償却限度額	減価償却費
1年	10,000,000	0.100	1,000,000	1,000,000
2年	9,000,000	0.100	1,000,000	1,000,000
3年	8,000,000	0.100	1,000,000	1,000,000
4年	7,000,000	0.100	1,000,000	1,000,000
5年	6,000,000	0.100	1,000,000	1,000,000
6年	5,000,000	0.100	1,000,000	1,000,000
7年	4,000,000	0.100	1,000,000	1,000,000
8年	3,000,000	0.100	1,000,000	1,000,000
9年	2,000,000	0.100	1,000,000	1,000,000
10年	1,000,000	0.100	999,999	999,999

② 償却費の計算
※1年目～9年目
10,000,000円×0.100×12/12＝1,000,000円
※10年目
（10,000,000円－1）－1,000,000円×9＝999,999円

残存価額が廃止されたため、従来に比べるとずっと単純な計算式になっています。耐用年数が10年なら、単純に取得価額を10等分して毎期10分の1ずつ減価償却費として費用化していきます。

最終年度については、1円を残して999,999円を減価償却費とします。この1円は備忘価額と呼ばれますが、1円という金額には特に意味がなく、償却済みの資産の存在を帳簿上示すため記録を残しておくものです。

資産を除却する際には、この1円も費用化することをお忘れなく。上の計算例は期首に取得したものとして計算が開始されていますが、現実には、期中に取得し事業の用に供することがほとんどです。そのときには、初年度の償却費の計算が月割計算になります。

新定額法の適用は、平成19年4月1日以降に取得した減価償却資産から適用されます。決算期でいえば、平成19年4月以降の決算期から適用になるわけです。3月決算以外の会社でも、3月中か4月以降かは大きな違いになってくるわけです。

Q54 新定率法による償却限度額の計算方法は

Answer Point

♤「200%定率法」は、平成24年4月1日以降に取得された減価償却資産に適用されます。

♤平成19年3月31日以前に取得した資産は旧定率法、平成19年4月1日から平成24年3月31日までに取得した資産は250%定率法がそのまま適用されます。

♠定率法というのは

定率法とは、減価償却資産の取得価額にその償却費が毎年一定の割合で逓減するように当該資産の耐用年数に応じた償却率を乗じた金額を各事業年度の償却限度額として償却する方法をいいます。

旧定率法と異なる点は、償却の途中で償却方法が変わっていくという点で大幅に変わっています。

♠新定率法（200%定率法）というのは

新定率法は、200%定率法といわれています。これは、定額法での償却率（1／耐用年数）の2倍の償却率を用いて償却費を計算するためです。

しかし、耐用年数の終了時までこの定率法をそのまま継続しません。残存価額が廃止されたことによって、定率法を最後まで適用し、耐用年数内に償却を完了させることが困難となったためです。

すなわち、耐用年数の初期段階では定率法を適用し、途中(償却保証額)で均等償却に切り替えることで全額償却を可能にしています（図表98）。

250%定率法の導入によって従前の制度に比して、早い段階において多額の償却を行うことが可能になりました。

♠耐用年数の初期段階の計算方法は

期首帳簿価額に、耐用年数に応じた償却率を掛けることにより償却費を計算します（図表99）。

【図表98　新定率法による償却費のしくみ】

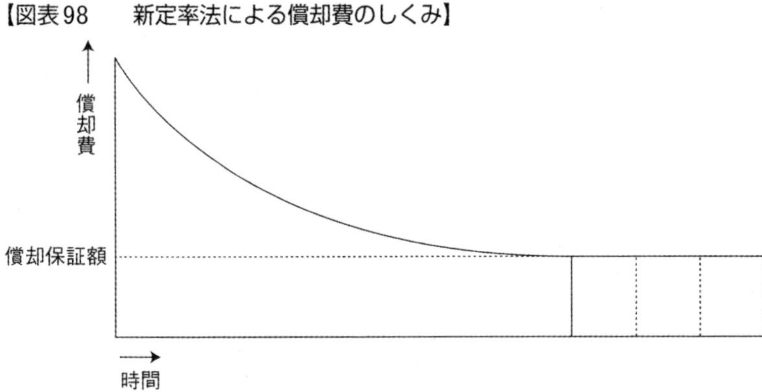

【図表99　耐用年数の初期段階の計算式】

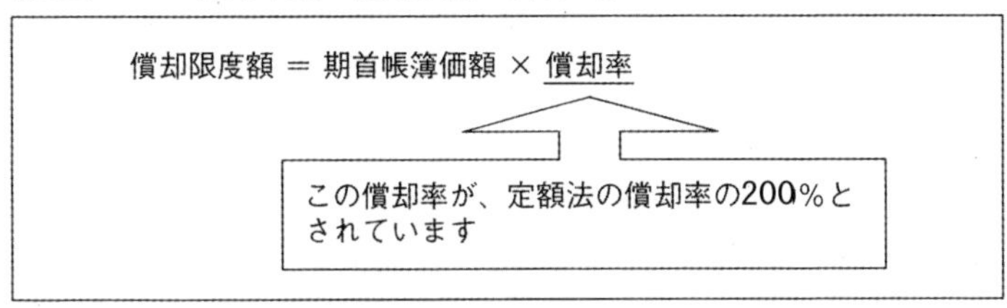

償却限度額 ＝ 期首帳簿価額 × 償却率
この償却率が、定額法の償却率の200%とされています

償却率については、「減価償却資産の耐用年数等に関する省令」の別表第十に掲げられています。

♠均等償却への切替えは

均等償却に切り替えるタイミングは、定率法により計算した減価償却費(調整前償却額)が一定の金額（償却保証額）を下回ることとなったときです。

ここで、償却保証額とは、取得価額に保障率を乗じた金額であり、保障率及び切り替えた後に用いる改定償却率は、ともに別表第十に掲げられているものを使用します（詳しい計算方法は、Q55で解説します)。

♠耐用年数２年の資産は即時償却が可能となる

200%定率法では、耐用年数２年の償却率は１となっています。

旧定率法償却率0.684の200%は１を超えるからです。

耐用年数２年の資産は、金型や映画フィルムなど限られたものだけですが中古資産を取得した場合に、簡便法により耐用年数を計算すると２年となる場合が結構あります。

このような場合に定率法を適用すると、即時償却が可能になります。

Q55 新定率法での均等償却切替えのときの償却計算は

Answer Point

♤調整前償却額＜償却保証額となった事業年度以後から均等償却します。

♤改定取得価額×改定償却率が償却限度額となります。

♠均等償却への切替時期と計算方法は

定率法により計算した減価償却費（調整前償却費）が償却保証額を下回ることとなったとき、その最初に下回ることとなった事業年度の期首帳簿価額である「改定取得価額」に、その後償却費が毎年同一となるように当該資産の耐用年数に応じた「改定償却率」を乗じて計算した金額を、各事業年度の償却限度額として償却を行います。

「償却保証額」とは、減価償却資産の取得価額に当該資産の耐用年数に応じた保証率を乗じて計算した金額をいい、定率法から均等償却に変更するところの判断基準の数値です。

【図表100　均等償却切替のときの計算式】

① 定率法での償却額≧償却保証額である事業年度
　償却限度額＝期首等簿価額×償却率
② 定率法での償却額＜償却保証額となる事業年度
　償却限度額＝改定取得価額×改定償却率

償却率及び改定償却率は「減価償却資産の耐用年数等に関する省令」別表第十に掲げられているものを用います。

定率法による減価償却計算は償却計算が進んでくると減価償却費として費用化される金額が逓減していきます。耐用年数が近づいてくると、調整前の償却費は、取得原価の数％まで減少してしまいます。ここまでくると、定率法の償却計算は一定の方法に従って規則的に計算しているということに意味があるだけで、減価償却資産の価値減少分を費用化していくという本来の意味はなくなってしまっています。

そこで、償却が進み簿価が一定金額を割り込んだときには、均等償却に切り替えて計算するということをあらかじめ決めておけば、規則的に計算しながら耐用年数で費用化できるわけです。

【図表 101　定率法の計算例】

① 設例

取得価額　1,000,000円　耐用年数　10年　（平成 23 年 4 月 1 日取得）

定率法の償却率　0.250

改定償却率　0.334

保証率　0.04448

償却保証額1,000,000×0.04448＝44,480円

（単位：円）

経過年数	期首簿価	償却率	償却限度額	改定償却率	均等償却	末期簿価
1 年	1,000,000	0.250	250,000			750,000
2 年	750,000	0.250	187,500			562,500
3 年	562,500	0.250	140,625			421,875
4 年	421,875	0.250	105,468			316,407
5 年	316,407	0.250	79,101			237,306
6 年	237,309	0.250	59,326			177,980
7 年	177,980	0.250	44,495			133,485
8 年	133,485	0.250	33,371 (<44,480)	0.334	44,583	88,902
9 年	88,902	0.250	22,225 (<44,480)	0.334	44,583	44,319
10年	44,319	0.250	11,079 (<44,480)	0.334	44,318	1

② 償却費の計算

※８年目以後について

33,371円（調整前償却限度額）＜44,480円（償却保証額）になっているので、８年目からは133,485円（改定取得価額）×0.334（改定償却率）＝44,585円が償却限度額となります。

ただし、最終年度は残存簿価１円を残して44,318円となります

設例でみてみましょう（図表101）。

初年度の償却費は取得価額の25％にあたる250,000円が償却計算を通じて費用化されます。4年目で約10％の105，458円となり、以降は取得価額の数％で推移します。

つまり、この設備の価値の減少部分を費用化するという本来の償却計算の意味を有するのは、３、４年目あたりまでで、それ以降は規則的に計算するという恣意性の排除という側面が強くなってきます。

そこで、一定金額を設定して（＝償却保証額）これを調整前償却費が下回る場合には、そこから定額償却に切り替えるというルールを導入し、規則的に計算しながら耐用年数ないに１円まで償却します。

Q56 事業年度が１年未満のときの償却限度額は

Answer Point

♤定額法の場合は事業年度の期間に合わせて償却率を調整して計算します。

♤定率法の場合は新・旧制度で計算方法が異なります。

♤事業年度の途中で事業供用した場合は、その事業年度の月数に占める事業供用した月数の割合を乗じて月数按分します。

♠定額法のときは

「減価償却資産の耐用年数等に関する省令」別表第九及び十に掲げられている法定耐用年数に応じた償却率は１年間を基準としているため、事業年度が１年未満の場合には、事業年度に応じて償却率を調整する必要があります。

償却限度額を期間按分するのではなく、事業年度の期間に対応して償却率を低下させたうえで償却計算します。

調整償却率＝償却率×その事業年度の月数/12（小数点以下３位未満切上げ）

計算結果は、償却率を低下させても、１年間の償却限度額を事業年度の期間で月数案分してもおなじになります。考え方として、事業年度の期間に応じて償却率を調整するということです。

実際には、小数点以下３位未満で端数処理をしますので計算順序が結果に影響を及ぼす可能性があるためこのように厳密に規定してあります。

【図表 102　定額法による計算例】

当期より３月決算から12月決算に変更（つまり当期は４月から12月までの9か月）

①　建物（当期首以前に取得）取得価額40,000,000円
旧定額法　耐用年数40年
調整償却率＝0.025×９/12=0.01875→0.019
償却限度額＝40,000,000円×0.9×0.019×９/９=684,000円

②　機械（当期９月15日取得、同日より事業供用）
取得価額2,000,000円
新定額法　耐用年数20年
調整償却率＝0.050×９/12=0.0375→0.038
償却限度額＝2,000,000円×0.038×４/９=33,777円

♠定率法のときは

定額法で述べたとおり、事業年度が１年未満の場合は、償却率を事業年度の期間に応じて調整する必要があります。ただし、定額法の場合と違い、新・旧制度で計算方法が異なります。

旧定率法では、まず、耐用年数を12倍し、それを事業年度の月数で割ることにより耐用年数を調整します。

旧定率法での改定耐用年数＝耐用年数×12/その事業年度の月数（１年未満は切捨て）

そのうえで、調整後の耐用年数に応じる償却率を適用します。

ただし、「減価償却資産の耐用年数等に関する省令」別表第九では100年までの償却率しか定められていないため、改定耐用年数が100年を超える場合は、やむを得ず、その資産の法定耐用年数に応じる本来の償却率をそのまま用いて償却費を単純に月数按分することになります。

新定率法では、償却率を月数按分することで引き下げたうえで、償却計算を行います。

調整償却率＝償却率×その事業年度の月数/12（小数点以下３位未満切上げ）

【図表 103　定率法による計算例】

当期より３月決算から12月決算に変更（つまり当期は４月から12月までの９か月）

①　機械　期首帳簿価額11,018,000円
旧定率法　耐用年数15年（償却率0.142）
改定耐用年数　15年×12/９＝20年（償却率0.109）
償却限度額＝11,018,000円×0.109×９/９＝1,200,962円

②　備品（当期８月15日取得、同日より事業供用）取得価額1,600,000円
新定率法　耐用年数８年（償却率0.313）
改定償却率　0.313×９/12＝0.23475→0.235
償却限度額＝1,600,000円×0.235×４/９＝167,111円

この２つの考え方の差異は、旧定率法は定率法の考え方を純粋に適用したものであるのに対し、新定率法は1年以内の期間については定額法的な考え方となっている点です。旧定率法での改訂方法は、定率法の考え方を月ベースで再計算するやり方です。したがって、期間が６か月の場合に12か月の半分にはなりません。

新定率法の場合はいわば簡便法であり、１年の償却費を月数で均等案分するだけです。したがって、６か月の場合の償却限度額は、12か月の場合の半分になります。

Q57 償却方法を期中に変更したときの償却限度額は

Answer Point

♤平成19年３月31日以前の資産に「旧定額法」「旧定率法」「旧生産高比例法」を採用していて、その資産と同一区分の資産を平成19年４月１日以降に取得した場合、届出がなければ「新定額法」「新定率法」「新生産高比例法」がそれぞれ適用されます（みなし選定）。

♤償却方法を変更する場合は、監査上、変更理由に注意する必要があります。

♠償却方法の選定は

法人は、平成19年４月１日以降に取得する減価償却資産について、平成19年３月31日以前に取得したものと区別したうえで、資産の種類ごとや事務所ごとに選定し、確定申告書の提出期限までに、当該区分ごとに採用する償却方法を記載した「減価償却資産の償却方法の届出書」を納税地の所轄税務署長に届け出なければなりません。

届出がない場合は、法定償却方法が自動的に適用されます。

♠みなし選定というのは

平成19年３月31日以前に取得した減価償却資産について、「旧定額法」「旧定率法」または「旧生産高比例法」を選定している場合に、平成19年４月１日以降に取得する減価償却資産で、同日前に取得したとしたならば旧償却方法と同一区分に属するものについて、上記の届出をしていないときは、それぞれが選定していた償却方法に応じた方法を選定したとみなされ、「定額法」「定率法」「生産高比例法」をそれぞれ適用することになります（図表104）。

【図表104　みなし選定】

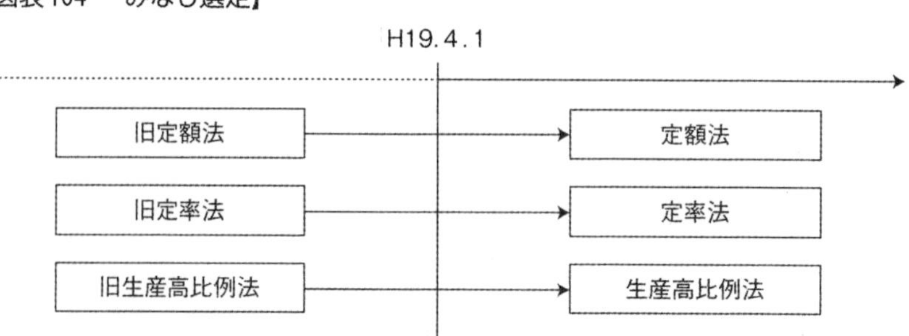

例えば、平成19年度３月31日以前に取得した機械装置について定率法（旧定率法）を選定していた場合、平成19年４月１日以降に取得した同一区分となる機械装置について、定額法を選定して、それを記載した「減価償却資産の償却方法の届出書」を確定申告書の提出期限までに所轄税務署長に提出したときは、定額法が適用されます。

しかし、届出書の提出をしないときは、自動的に定率法が適用されます。

♠償却方法の変更手続は

法人が選定した償却方法を変更するときは、原則として、新たな償却方法を採用しようとする事業年度開始日の前日までに「減価償却資産の償却方法の変更承認申請書」を納税地の所轄税務署長に提出し、承認を受けなければなりません。

なお、減価償却資産の償却方法を変更しようとする場合の変更申請は、原則「現在の償却方法を採用してから３年を経過していないとき」は承認されません。

ただし、現行の制度についてはこの規定は適用されません。したがって、過去３年以内に償却方法の変更を行っても、償却方法の再変更が認められることになります。

これは、平成19年の改正で「その届出書の提出をもって償却方法の変更があったものとみなす」と規定されていることから、通達の「３年」というしばりを受けないことになります。

♠償却費の計算方法は

償却方法の変更日ではなく、その資産の事業供用日が平成19年３月31日以前であれば旧制度により、平成19年４月１日以降に事業供用したのであれば新制度により、それぞれ減価償却計算をします。

【図表105　償却費の計算方法】

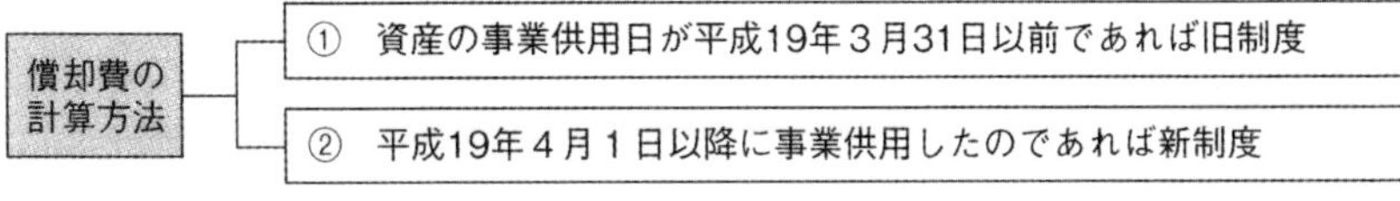

♠旧定額法から旧定率法に変更したときの償却計算は

償却方法を変更するときまでの経過年数は考慮に入れないで、期首帳簿価額を法定対応年数により償却計算していきます。

【図表106　計算例】

取得価額　5,000,000円　変更時の期首簿価　4,100,000円　耐用年数10年
耐用年数10年の旧定額法での償却率　0.100
耐用年数10年の旧定率法での償却率　0.206
変更年度の償却限度額　4,100,000円×0,206×12/12＝844,600円

その後、償却累計額が取得価額の95%相当額まで達した事業年度の翌事業年度から、取得価額の５％相当額を5年間で均等償却し、最終的には１円（残存簿価）まで償却します。

♠旧定率法から旧定額法に変更したときの償却計算は

変更した事業年度開始の日の帳簿価額を取得価額とみなして、旧定額法により償却計算を行います。旧定額法での残存価額は、変更時の帳簿価額ではなく、もともとの取得価額の10%相当額として計算します。

変更後の耐用年数は、図表107のいずれかを選択します。

【図表107　変更後の耐用年数】

変更後の耐用年数	①　その資産の法定耐用年数
	②　その資産の残存年数（法定耐用年数－経過年数）

図表107の①を選択すると、これまでの経過年数を考慮せず、再び法定耐用年数で償却を始めることになり、償却期間が長くなる結果、不利になります。

なお、②における経過年数とは、資産の取得時から償却方法の変更時までに実際に経過した年数という意味ではなく、「旧定率法未償却残額表（耐用年数通達付表第七）」を利用して、その資産の取得価額に対する帳簿価額の割合（未償却残額割合）に対する経過年数を意味します。

そして、法定耐用年数からその経過年数を控除することにより残存年数を計算します。

【図表108　計算例】

取得価額　5,000,000円　　変更時の期首簿価　1,800,000円
法定耐用年数　10年
未償却残額割合＝期首簿価1,800,000円÷5,000,000円＝0.36
経過年数　５年（「旧定率法未償却残額表」より）
耐用年数５年の旧定額法での償却率　0.200
償却限度額 (1,800,000円－5,000,000円×10%)×0.200＝260,000円

♠償却方法変更の合理性に留意を

法人税法上の減価償却計算規定は、各事業年度の課税所得の計算上、損金算入できる金額の限度額を計算することを目的にしたものであり、会計上は、改正前の旧減価償却方法を引き続き採用することも容認されるとされています。

そのため、従来採用していた減価償却方法を変更するときは、会計方針の変更に該当することから、変更理由が「正当な理由」に該当するかどうかが問われることになります。

平成19年度税制改正に伴い、平成19年3月31日以前に取得した減価償却資産に旧定額法を採用していた場合に、同一種類で同一用途の新規資産を平成19年4月1日以降に取得して当該減価償却資産に新定額法を、あるいは、旧定率法を採用していた場合に新定率法を採用するときは、類似の減価償却方法を採用するものと認められるため、法令等の改正に伴う変更に準じた正当な理由による会計方針の変更として取り扱われます。

しかし、既存資産に旧定額法を採用していた場合に、新規資産について新定率法を、あるいは、既存資産に旧定率法を採用していた場合に、新規資産について新定額法を採用するときは、会計方針の変更として取り扱うこととなりますが、減価償却方法の類似性が認められないことから、単に法人税の改正を理由とするだけでは正当な理由に該当せず、変更理由の合理性に留意する必要があるとされています。

同様に、税制改正を機に既存資産について、新規資産と同様の方法に統一する目的で減価償却方法を変更する場合についても、単に法人税の改正を理由とするだけでは正当な理由に該当せず、変更理由の合理性に留意が必要です。

【図表109　会計方針の変更の取扱い】

同一種類・同一用途		
既存資産	新規資産	
旧定額法	新定額法	法令等の改正に伴う変更に準じた正当な理由による会計方針の変更
旧定率法	新定率法	
旧定額法	新定率法	会計方針の変更 ★税制改正以外の正当な理由が必要
旧定率法	新定額法	
旧定額法→新定額法		
旧定額法→新定額法		

増加償却を適用した事業年度の償却限度額は

Answer Point

♤平均的な使用時間を越えて使用した機械装置に適用されます。

♤増加償却制度の適用を受けるための要件をいくつか満たす必要があります。

♠増加償却というのは

法人が有する機械装置について予定使用時間を著しく越えて事業供用する場合があり得ます。

このような場合、その損耗程度に応じて耐用年数を短縮するのが相当ですが、機械装置は景気状況等によりその操業度が左右されやすく、一時的に操業度が増加している可能性もあります。

そこで、超過操業を行った事業年度に多額の償却を認めるという配慮がなされています。

通常の償却計算に一部生産高比例法のような考え方を加味して操業の実態に合わせようとするものです。この制度を「増加償却」といいます。

♠増加償却の適用を受けるには

増加償却制度の適用を受けるには、図表110の要件を満たさなければなりません。

【図表110　増加償却の適用要件】

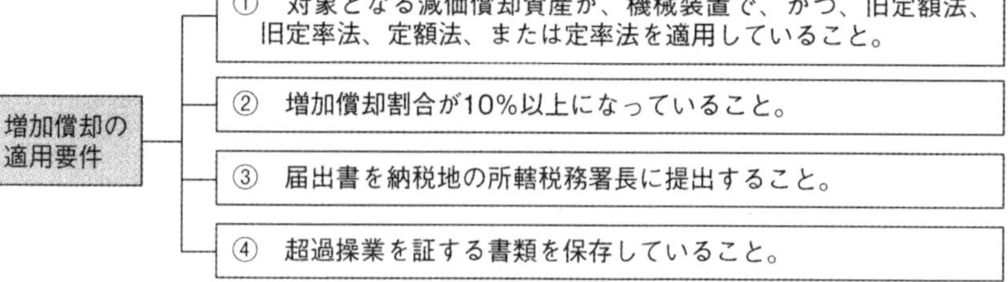

増加償却の適用要件
① 対象となる減価償却資産が、機械装置で、かつ、旧定額法、旧定率法、定額法、または定率法を適用していること。
② 増加償却割合が10％以上になっていること。
③ 届出書を納税地の所轄税務署長に提出すること。
④ 超過操業を証する書類を保存していること。

♠計算方法は

増加償却制度の適用を受ける事業年度の償却限度額は、通常の償却限度額に対して増加償却割合に相当する分が加算される形で計算されます。

増加償却適用年度の償却限度額＝通常の償却限度額×（１＋増加償却割合）

増加償却割合とは、平均的な使用時間を越えて使用する機械装置につき、１日あたりの超過使用時間を算出し、それに35/1000を乗じて計算される割合です。

増加償却割合＝１日あたりの超過使用時間×35/1000（小数点以下２位未満切上げ）

１日あたりの超過使用時間は、その事業年度における個々の機械装置の平均超過使用時間の合計時間を基礎に「加重平均法」または「単純平均法」により計算します。

増加償却は、超過使用している機械を含めた設備全体で行うため、当該機械装置に属する個々の機械装置の超過使用時間を基にして、設備全体の超過使用時間を算出するわけです。

まず、個々の機械装置ごとに、日々の超過使用時間の合計時間を集計し、その超過使用時間合計を通常使用されるべき日数で割ることで、個々の機械装置ごとの平均超過使用時間を求めます。

個々の平均超過使用時間＝個々の超過使用時間の合計時間／通常使用されるべき日数

「加重平均法」は、個々の機械装置の平均超過使用時間を機械装置の取得価額の比で加重平均することによって求めます。

集計の手間を考慮せずに、計算過程の考え方が正しいことを優先すれば加重平均法に分がありそうです。しかし、超過使用時間と機械装置の価値の減少との間にどの程度相関関係があるのか明確ではありませんし、償却計算そのものがいろんな仮定に基づくものであることから、単純平均法も認める価値があり、どちらを採用するかは、各企業の判断に任せるということになっています。

「単純平均法」は、個々の機械装置の平均超過時間の合計時間を個々の機械装置の総数で割って求めます。

♠新定率法の場合の増加償却の適用は

平成19年４月１日以降に取得する減価償却資産について新定率法を採用している場合で、増加償却を適用する場合、改定取得価額×改定償却率に切り替えた後の増加償却についても、改定取得価額×改定償却率に対して増加償却割合を乗じることによって増加償却できます。

【図表111　計算例】

①　設例

取得価額　1,000,000円　耐用年数　10年の減価償却資産の各年の償却に係る計算は、次のとおりとなります。

定率法の償却率0.250　保証率0.04448　改定償却率0.334　増加償却割合は各年とも14%と仮定。　（平成23年4月1日取得）

（単位：円）

年　数	1	2	3	4	5	6	7	8	9
期首帳簿価格	1,000,000	715,000	511,225	365,527	261,353	186,868	133,611	82,738	31,865
調整前償却額（A）	250,000	178,750	127,806	91,381	65,338	46,717	33,402	20,684	7,966
増加償却額（B）	35,000	25,025	17,892	12,793	9,147	6,540	4,676	2,895	1,115
償却額〔(A)+(B)〕	285,000	203,775	145,698	104,174	74,485	53,257	38,078	23,579	9,081
償却保証額	44,480	44,480	44,480	44,480	44,480	44,480	44,480	44,480	44,480
改定所得価格×改定償却率（C）	—	—	—	—	—	—	44,626	44,626	44,626
増加償却割合×(C)（D）	—	—	—	—	—	—	6,247	6,247	6,247
計〔(C)+(D)〕	—	—	—	—	—	—	50,873	50,873	(50,873)
償却限度額	285,000	203,775	145,698	104,174	74,485	53,257	50,873	50,873	31,864
期末帳簿価額	715,000	511,225	365,527	261,353	186,868	133,611	82,738	31,865	1

②　償却費の計算

上記の表において調整前償却額（133,611円×定率法の償却率0.250≒33,402円）が償却保証額（1,000,000円×0.04448＝44,480円）を下回るのは７年目となり、増加償却を行わない場合に下回ることとなる８年目よりも１年短くなります。

また、７年目以後の各年では、切り替わることとなる７年目の改定所得価額（133,611円）に改定償却率（0.334）を乗じて計算した金額44,626円と、当該金額（44,626円）に増加償却割合14%を乗じて計算した金額6,247円との合計額である50,837円が７、８年目の償却限度額となり、９年目において、残存簿価１円まで償却できます（９年目においては残存簿価１円となるために、31,864円が償却限度額になります）。

図表111の例では、毎年14%の増加償却をするものとして計算していますが、毎年変動する場合もあると思われます。機械装置の耐用年数は、通常の使用時間を８時間または16時間として設定されています。このような機械について通常の使用時間を著しく超えて稼働させるときに、その物理的損耗を考慮して減価償却費の増加を税務上も認めるというのが増加償却の趣旨です。

したがって、耐用年数の設定において通常の使用時間が24時間とされている機械装置については、増加償却の対象になりません。

また、会計的にも増加償却が税務上認められるような稼働状況であれば、減価償却費を増加させて、機械の損耗について費用化すべきです。

Q59 期中に事業用に供したときの償却限度額は

Answer Point

♤事業の用に供した月数に見合った額を計算します。

♤１か月未満の端数は１か月とします。

♠事業年度の途中で取得した減価償却資産の償却限度額の計算方法は

事業年度の途中で取得した減価償却資産の償却限度額の計算については、月数に見合った額を計算します。

通常の償却限度額×取得して事業の用に供した日から事業年度末までの月数／各事業年度の月数

１か月未満の端数は１か月とします。

♠定額法のときは

期首に取得し事業に供用した場合は、償却限度相当額の減価償却費を計上している限りにおいて、耐用年数内で償却が完了します。

しかし、事業年度の途中で取得し事業に供用した場合、初年度は月割り分の償却しかできないため、定額法の場合は、耐用年数内で償却が完了しません。

定額法の場合には、期中に事業の用に供されたときでも初年度以外は影響がありません。初年度については、年間の減価償却費を月割計算して法人税法上の限度額とします。

会社の決算で利益が見込まれるときに、減価償却資産を購入して償却費を計上することで、利益金額を小さくできないかという相談がよくありますが特に定額法が適用されるような資産の場合には、初年度減価償却費のさらに月数案分した金額のみという結果になり、期待していたような金額にはほど遠いということが多いようです。

定額法で注意が必要なのは、個人事業の場合です。毎期金額が同じなので帳簿上の未償却残高を毎期計算しておかないと、損金算入の機会を失ってしまう可能性があります。

【図表112　定額法の計算例】

① 設例

取得価額1,000,000円 耐用年数10 年 決算期３月決算 取得時期 10月　(単位：円)

経過年数	期首簿価	償却率	償却限度額
１年	1,000,000	0.100	50,000
２年	950,000	0.100	100,000
３年	850,000	0.100	100,000
４年	750,000	0.100	100,000
５年	650,000	0.100	100,000
６年	550,000	0.100	100,000
７年	450,000	0.100	100,000
８年	350,000	0.100	100,000
９年	250,000	0.100	100,000
10年	150,000	0.100	100,000
11年	50,000	0.100	49,999

② 償却計算

※１年目について

事業の用に供した10月から事業年度末３月までの６か月分だけ償却できます。

1,000,000円×0.100×6/12＝50,000円

なお、所得税における減価償却計算は法人税と異なり、毎期強制されており、法人税のように損金算入限度額という考え方は採用していないからです。

♠定率法のときは

事業年度の途中で取得した場合、定率法を採用した場合には、定額法を採用した場合よりも備忘価額（１円）に早く達することになり、実質的な耐用年数が短縮される結果となります。

このように、定率法を採用した場合、期中取得であっても耐用年数10年の場合には10年以内の最終事業年度で償却が完了し、備忘価額に達します。11年目に償却がずれ込むことはありません。この点が定額法の場合と異なる点です。

ただし、期中取得であっても耐用年数内で償却が終了するかどうかは耐用年数によって異なります。

定率法の場合も、期中に事業の用に供された減価償却資産の償却計算は、

【図表 113　定率法の計算例】

①　設例

取得価額　1,000,000 円　　耐用年数　10 年

決算期　３月決算　取得時期　10 月

（単位：円）

経過年数	期首簿価	償却率	償却限度額
１年	1,000,000	0.200	100,000
２年	900,000	0.200	180,000
３年	720,000	0.200	144,000
４年	576,000	0.200	115,200
５年	460,800	0.200	92,160
６年	368,640	0.200	73,728
７年	294,912	0.250	73,728
８年	221,184	0.250	73,728
９年	147,456	0.250	73,728
10 年	73,728	0.250	73,727

②　償却計算

※１年目について

事業の用に供した 10 月から事業年度末３月までの６か月分だけ償却できます。

1,000,000 円 ×0.200× ６/12＝100,000 円

※７年目以後について

58,982 円（調整前償却限度額）＜65,520 円（償却保証額）になっているので、７年目からは 294,912 円（改定取得価額）×0.250（改定償却率）＝73,728 円が償却限度額となります。

ただし、最終年度は、残存簿価１円を残して 73,727 円となります。

月割計算により算出されます。１年を12か月として単純に月割りすると考え方としては定額法を一部取り入れたような形式になっています。

減価償却資産を事業に投入した最初の期間を価値の減少が相対的に大きいと考えて、減価償却計算に反映させるのが定率法の考え方ですが、これを年度途中の事業供用の場合にも採用すると、１年間の償却費を月ごとに案分する際にも期首に近いほど１か月分の費用が大きくなるように傾斜配分をすることになります。

数学的に計算することは可能ですが、減価償却計算がいろいろな仮定に基づく計算手続であり、数学的正確性よりは、公平性や検証可能性を求めたものであることから簡便計算によったものです。

Q60 リース資産の減価償却は

Answer Point

♤所有権移転外ファイナンス・リースも売買処理が強制されます。
♤償却方法にリース期間定額法が加わります。

♠リース取引というのは

リース取引は、ファイナンス・リース取引とオペレーティング・リース取引に分類されます。

ファイナンス・リース取引とは、リース契約に基づくリース期間の途中において当該契約を解除することができないリース取引またはこれに準ずるリース取引で、借手が、リース物件からもたらされる経済的利益を享受することができ、かつ、当該リース物件の使用に伴って生じるコストを実質的に負担するリース取引をいいます。

また、オペレーティング・リース取引とは、ファイナンス・リース取引以外のリース取引をいいます。

♠ファイナンス・リースの分類は

さらに、ファイナンス・リース取引は、所有権移転ファイナンス・リースと所有権移転外ファイナンス・リースとに分類することができます。

所有権移転ファイナンス・リースとは、図表114のいずれかを満たす取引をいいます。

また、所有権移転外ファイナンス・リースとは、図表115のいずれかを満たす取引をいいます。

♠会計処理が変更される

所有権移転ファイナンス・リース取引は、売買処理が強制されており、所有権移転外ファイナンス・リース取引は売買処理と賃貸借処理の選択が可能でしたが、平成20年4月1日以降開始事業年度からは所有権移転外ファイナンス・リース取引についても売買処理が原則として強制されることとなりました。

なお、オペレーティング・リース取引については、変更なく賃貸借処理に

【図表114　所有権移転ファイナンス・リース取引の要件】

所有権移転ファイナンス・リース取引の要件

① リース契約上、リース期間終了後またはリース期間の中途で、リース物件の所有権が借手に移転されることとされているリース取引。

② リース契約上、借手に対して、リース期間終了後またはリース期間の途中で、名目的価額またはその行使時点のリース物件の価額に比して著しく有利で価額で買い取る権利が与えられており、その行使が確実に予想されるリース取引。

③ リース物件が借手の用途等に合わせて特別の仕様により製作または建設されたものであって、当該リース物件の返還後、貸手が第三者に再びリースまたは売却することが困難であるため、その使用可能期間を通じて借手によってのみ使用されることが明らかなリース取引。

【図表115　所有権移転以外ファイナンス・リース取引の要件】

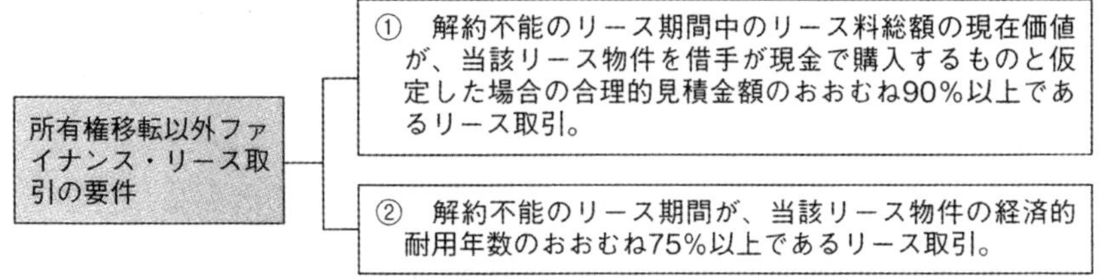

所有権移転以外ファイナンス・リース取引の要件
① 解約不能のリース期間中のリース料総額の現在価値が、当該リース物件を借手が現金で購入するものと仮定した場合の合理的見積金額のおおむね90%以上であるリース取引。
② 解約不能のリース期間が、当該リース物件の経済的耐用年数のおおむね75%以上であるリース取引。

よることとなっています。

♠今後は税法にも影響あり

会計処理が変更されたことに伴い、税務上では、平成20年４月１日以降の契約分から所有権移転外ファイナンス・リース取引も所有権移転リース取引と同様に売買処理を行うこととされました。

したがって、所有権移転外ファイナンス・リース物件についても資産計上したうえで、減価償却資産として取り扱うこととなります。

♠減価償却計算方法は何を適用するのか

会計上の所有権移転外ファイナンス・リース資産の償却期間はリース期間とし、残存価額は原則としてゼロとし、償却方法は企業の実態に応じたものを選定することとなっていますが、税法ではリース期間定額法によるものとされていることから、税法との調整の煩雑さを避けるため会計上もリース期間を耐用年数とする定額法によることが多いと思われます。

♠リース期間定額法というのは

リース期間定額法では、図表116の計算式で減価償却費を計算します。

【図表116　リース期間定額法の減価償却費の計算式】

減価償却費＝｛（リース資産の取得価額）－（残価保証額）｝ ×その事業年度の使用月数／リース期間の月数 リース資産の取得価額＝リース費用の総額－利息相当額

残価保証額とは、リース期間終了後にリース資産の処分価額が契約時に定められている額に満たない場合には、その差額を借手が支払うこととなっているときの定められている額のことをいいます。

リース期間定額法は、その名称のとおりリース期間を耐用年数として定額法の考え方を適用するものです。税法上は所有権移転外ファイナンス・リース資産については、このリース期間定額法が適用され選択の余地はありません。

わが国のリース契約のほとんどは、所有権移転外ファイナンス・リースの形態をとっています。今回のリース取引に関する会計基準の改正でこの所有権移転外ファイナンス・リースの取扱いが従来の賃貸借処理から売買処理に変更されました。このことによる実務上の影響を考慮すると、税法ではリース期間定額法を採用することで対応せざるを得なかったと思われます。

従来、借手側はリース料の支払金額を経費として損金算入しており、所有権移転外ファイナンス・リースにより利用している資産を購入したものとして会計処理をしたときに、リース期間定額法であれば、毎期のリース料支払額とほぼ見合いの減価償却費が計上されるため、会計基準改正の実務処理への影響が最小限度になると思われます。

貸手側は、従来はリース料を収益として受取りごとに計上し、これに対応してリース資産の減価償却を行っていたわけですが、今回の改正により、売却したものとして処理することとなりました。すなわち、売買差益が大きい場合には従来に比べ利益が早期計上されることになりますが、リース契約の貸手であるリース会社は実質的には設備導入のための資金調達の役割を担っていることから、その収益の源泉も金利収入のウエイトが大きいと思われます。そうすると、金利部分を時の経過に従って計上していくことにより従来と大きく変わらない収益計上がなされることになるわけです。

要するに、所有権移転外ファイナンス・リース資産の減価償却方法としてリース期間定額法を採用することにより、会計基準改正の実体経済に与える影響を最小限にすることができるわけです。

Q61 増加償却ってなに・届出手続は

Answer Point

♤平均的な使用時間を越えて使用した機械装置について、償却限度額の計算を通常の償却限度額に増加償却割合を加算される額で計上する承認を受けるための申請です。

♤要件は４つあります。

♠増加償却とその適用は

増加償却とは、法人が有する機械装置について予定使用時間を著しく越えて事業供用する場合、その超過操業を行った事業年度に多額の償却を認めるものです。

増加償却制度の適用を受けるには、図表117の要件を満たさなければなりません。

【図表117　増加償却の適用要件】

増加償却の適用要件
- ①　対象となる減価償却資産が、機械装置で、かつ、旧定額法、旧定率法、定額法、または定率法を適用していること。
- ②　増加償却割合が10%以上になっていること。
- ③　届出書を納税地の所轄税務署長に提出すること。
- ④　超過操業を証する書類を保存していること。

♠増加償却の届出手続は

図表117の②の増加償却の届出手続は、図表118によります。

【図表118　増加償却の届出手続】

項　目	説　　明
①　提出期限	適用を受けようとする事業年度の確定申告書提出期限まで。
②　提出方法	届出書を所轄の税務署に提出または送付。
③　手数料	不要。
④　添付書類	届出にあたり、届出書内に記載しきれない場合は、その詳細を別紙に記載し、添付（計算方法や、操業度上昇の理由等）。
⑤　適用時期	届出書に記載した事業年度。

Q62 特別な償却率の認定申請は

Answer Point

♤漁網、活字に常用されている金属等の資産について減価償却を特別な償却率により行おうとする場合の申請の手続です。

♤償却資産の区分により償却率は異なります。

♠特別な償却率による償却の方法というのは

法人税法施行規則12条各号に掲げる資産については、その資産の利用方法や利用度合いによって所有する法人ごとに、その資産の消耗度合いが異なります。

このため、その利用頻度が高い法人については、取替や修繕等、交換等の時期が早くなり、償却も早い目に行う必要があります。

こうした法人では、納税地の税務署長を通じて所轄の国税局長の認定を受けることを条件に、特別な償却率で当該資産の償却を行うことができます。

なお、認可を受けた償却率により、その償却率の異なる資産ごとに計算することになります。

♠対象となる資産は

対象となる資産は、図表119のとおりです（法人税法施行規則12条各号に掲げる資産）。

【図表119　対象となる資産】

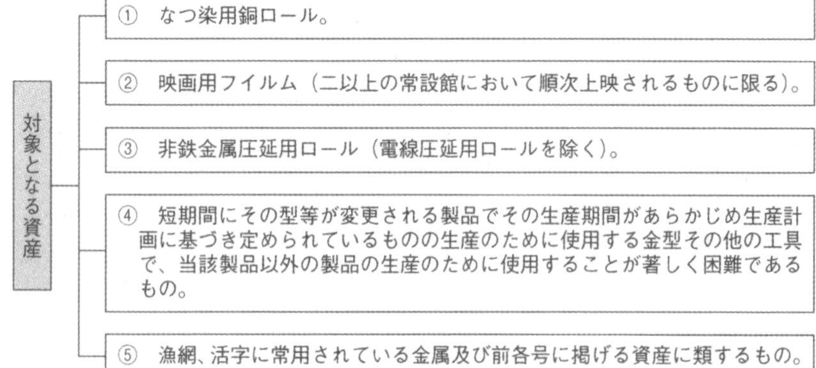

対象となる資産
①　なつ染用銅ロール。
②　映画用フイルム（二以上の常設館において順次上映されるものに限る）。
③　非鉄金属圧延用ロール（電線圧延用ロールを除く）。
④　短期間にその型等が変更される製品でその生産期間があらかじめ生産計画に基づき定められているものの生産のために使用する金型その他の工具で、当該製品以外の製品の生産のために使用することが著しく困難であるもの。
⑤　漁網、活字に常用されている金属及び前各号に掲げる資産に類するもの。

【図表120　特別な償却率】

<table>
<tr><td>①　漁網</td><td>(イ)　一時に廃棄されることがなく修繕等により継続してほぼ恒久的に漁ろうの用に供することができる漁網については、当該漁網が新たに漁ろうの用に供された日からその法人の操業状態において修繕等のために付加される網地等の合計量（反数その他適正な量的単位により計算した量）が当該漁網の全構成量に達すると予想される日までの経過月数。
(ロ)　(イ)以外の漁網については、当該漁網が新たに漁ろうの用に供された日から、その法人の操業状態において当該漁網が一時に廃棄されると予想される日までの経過月数。
<table>
<tr><th>月数</th><th>割合</th><th>月数</th><th>割合</th></tr>
<tr><td>12以上　15未満</td><td>90%</td><td>47以上　54未満</td><td>45%</td></tr>
<tr><td>15以上　18未満</td><td>85</td><td>54以上　65未満</td><td>40</td></tr>
<tr><td>18以上　20未満</td><td>80</td><td>65以上　77未満</td><td>35</td></tr>
<tr><td>20以上　23未満</td><td>75</td><td>77以上　96未満</td><td>30</td></tr>
<tr><td>23以上　27未満</td><td>70</td><td>96以上　124未満</td><td>25</td></tr>
<tr><td>27以上　31未満</td><td>65</td><td>124以上　170未満</td><td>20</td></tr>
<tr><td>31以上　35未満</td><td>60</td><td>170以上　262未満</td><td>15</td></tr>
<tr><td>35以上　40未満</td><td>55</td><td>262以上　540未満</td><td>10</td></tr>
<tr><td>40以上　47未満</td><td>50</td><td>540以上</td><td>5</td></tr>
</table></td></tr>
<tr><td>②　活字地金</td><td>活字地金が活字の鋳造等によって一年間に減量する率。</td></tr>
<tr><td>③　なつ染用銅ロール</td><td>各事業年度におけるロールの実際彫刻回数の彫刻可能回数のうちに占める割合。</td></tr>
<tr><td>④　映画用フィルム</td><td>ポジティブフィルムの封切館における上映日から経過した月数ごとに、その月までの収入累計額の全収入予定額のうちに占める割合。</td></tr>
<tr><td>⑤　非鉄金属圧延用ロール</td><td>各事業年度におけるロールの直径の減少値の使用可能直径。</td></tr>
<tr><td>⑥　専用金型等</td><td>各事業年度における専用金型等による実際生産数量の当該専用金型等にかかる総生産計画数量のうちに占める割合。</td></tr>
</table>

♠特別な償却率というのは

特別な償却率は、図表120のように、対象となる資産ごとに、一定の計算方法が定められています。申請にあたっては、自らその数値を計算し、認定をもらうことになります。

そのため、その根拠となる数値については、定型の用紙はありませんが、明確な計算資料を添付する必要があります。

♠特別な償却率の認定申請手続は

特別な償却率の認定申請手続は、図表126のとおりです。

【図表 121　特別な償却率の認定申請手続】

項　目	説　　　明
①　提出期限	随時。
②　提出方法	届出書を所轄の税務署に提出または送付。
③　手数料	不要。
④　添付書類	申請にあたり、申請書内に記載しきれない事項がある場合その詳細を別紙に記載し、添付。
⑤　適用時期	承認を受けた日の属する事業年度以後の各事業年度。

♠特別な償却率の届出は、耐用年数の短縮と同様の効果は

減価償却資産の費用化は、減価償却方法により、費用化額が異なる結果を生み出します。このため、法人税法では、資産ごとに耐用年数を決定し、その結果償却率を決定されることで費用化される減価償却額を算出します。

このように一定の方法を定めることにより、同一資産を保有した場合は同一の減価償却額が計算されることになり、法人間の課税の公平性を保つことができています。

しかし、同一の方法を極端に進めることにより、減価償却の本来の目的である資産の経済的、物理的減価を考慮できない結果を招きます。

そのため、法人税法においては、一定の要件で個々の条件に合致すれば、その条件の下で異なった減価償却を計算できるしくみをつくっています。

減価償却の要素は、①取得価額、②耐用年数、③償却方法の３つがあり、これらを掛け合わせることで、減価償却費を計算します。このため、法人税法において特例措置をとる要件としては、この３つの要素のどこに働きかけるかといった点で各種の制度が設けられています。

この特別な償却率というのは、耐用年数の短縮であり、中古資産の耐用年数の短縮の制度と同様に、今後資産の利用期間が短くなることにより、早期に減価を行わなければならないという特殊要因を考慮したものです。

なお、取得価額を変更するものとして、圧縮記帳や特別償却などがあります。

Q63 陳腐化資産の償却限度額の特例の承認申請は

Answer Point

♤陳腐化した減価償却資産の償却限度額の計算を通常の償却限度額と陳腐化償却限度額との合計額で計上する承認を受けるための申請です。

♠陳腐化資産の償却限度額の特例というのは

法人が、その有する減価償却資産が、技術の進歩その他の理由により著しく陳腐化した場合において、納税地の所轄国税局長の承認を受けたときは、その承認を受けた償却資産につき償却限度額を通常の普通償却額に陳腐化償却限度額とを合算した額で計上できます。

♠陳腐化の要件は

ここでいう陳腐化とは、法人の有する減価償却資産が現実に旧式化し当該減価償却資産の使用によってはコスト高、生産性の低下等により経済的に採算が悪化すること、流行の変遷、経済的環境の変化等により製品、サービス等に対する需要が減退し、当該減価償却資産の経済的価値が低下すること等のため、その更新または廃棄が必要とされる状況になったこととされています。

申請の際は、これらを明示する資料が必要となります。

♠陳腐化資産の償却限度額の特例の承認申請手続は

陳腐化資産の償却限度額の特例の承認申請手続は、図表122のとおりです。

【図表122　陳腐化資産の償却限度額の特例の承認申請手続】

項　目	説　明
① 提出期限	随時。
② 提出方法	申請書を所轄の税務署に提出または送付（2部）。
③ 手数料	不要。
④ 添付書類	・承認を受けようとする使用可能期間の算定の明細書　2部 ・申請の日の属する事業年度の直前の事業年度の営業報告書　2部 ・申請の日の属する事業年度の直前の事業年度の法人税確定申告書別表十六（減価償却資産の償却額の計算に関する明細書）の写し　2部 ・申請資産の写真、カタログ等申請資産の状況が明らかになる資料　2部
⑤ 適用時期	承認を受けた日の属する事業年度。

Q64 補助金で取得した資産の償却計算は

Answer Point

♤国庫補助金などを受けて固定資産を購入した場合には、補助金と固定資産の減価償却を対応させる必要があります。これを圧縮記帳と呼びます。

♤企業が、圧縮記帳を適用するかどうかは任意ですが、適用するための要件はあります。

♠国庫補助金等の受取り

ポストコロナの経済動向が懸念されていますが、このような際に、国や地方自治体が医療機関に人件費などの補填をしたり、休業要請に応じた飲食店に支援金を出したりといった施策を実施することがあります。

補助金・支援金・助成金など呼び方はいろいろですが、緊急時の支援目的のほかにも景気刺激策として、国が補助金を交付して企業活動を促進しようとする場合があります。

また、景気刺激策としてではなく、カーボンニュートラルやデジタルトランスフォーメーションなどといった我が国全体としての方向性に従って、企業の協力が必要な場合にも補助金が活用されるので、今後いろんな形で募集が行われると思われます。

補助金の税法上の取り扱いですが、原則として、消費税については課税対象外、法人税・所得税については課税対象となっています。

補助金を受けて、人件費や経費の支払いなどに充てた場合には、受け取った補助金は課税対象となる収益・所得となる一方、支出した人件費や経費などは費用・経費となるため、通算すると課税の問題は生じません。

補助金を受けて固定資産を購入した場合には注意が必要です。

♠補助金による固定資産の購入

・(設例) 100万円の補助金を受け取って、100万円の備品を購入した。

この場合には、補助金の受取額は雑収入として収入の一部となります。

また、備品の購入支出は、固定資産として計上されます。固定資産の購入については費用は発生しません。固定資産については、減価償却計算を通じて費用化されますので、仮に初年度の減価償却費が25万円とした場合、補助金分の雑収入100万円に対して、減価償却費25万円となるので、差し引き75万円については、課税対象となります。

法人税と所得税では税率が異なりますが、いずれにしても、国から補助金として受け取ったものの一部を、税金として納付することになります。

この事例のように、固定資産購入のための費用を100％補助しますよという制度であっても、補助金を受け取った側からすれば納税分だけ持ち出しになるということになってしまいます。

♠圧縮記帳とは

上で述べたような課税は、国から補助金として交付した額の一部を納税という形で戻させるという無駄な事務処理を招いてしまいます。

このような、課税処理をしないために税法が認めているのが、圧縮記帳と呼ばれる経理処理です。

固定資産の取得価額から補助金の受入額を差し引いて、あたかも補助金受給後の実質負担分の金額の固定資産を購入したような処理をすることを圧縮記帳と呼びます。

♠直接減額方式と積立金方式

圧縮記帳のうち直接減額方式は、補助金受入額100万円を雑収入として処理したのち、次のような処理をします。

（借）固定資産圧縮損　100万円　／　（貸）備品　100万円

雑収入を相殺するとともに、備品の取得原価を100万円減少させます。

これで、補助金として受け取った金額に課税されるということはなくなります。また、実質負担ゼロで取得した備品が0円として処理されるという、ある意味常識的な結果を得ることができます。

しかし、直接減額法では、100万円の価値がある備品を所有しているという事実が、貸借対照表に反映されず、これを事業の用に供することにより発生する費用である減価償却費も損益計算書に反映されません。

このような決算書上の欠点を修正しながら、補助金に課税されるという問題点を解決するのが積立金方式です。

圧縮記帳のうち積立金方式では、補助金受入額100万円を雑収入として処理したのち、次のような処理をします。

（借）繰越利益剰余金　100万円　／　（貸）固定資産圧縮積立金　100万円

補助金の受入益はそのままですが、税務申告書の別表四で圧縮積立金認定損を計上することにより、補助金受入益に対する課税負担をなくし、備品は適正な取得価額である100万円で貸借対照表に計上されます。

♠圧縮記帳と減価償却費

直接減額法による圧縮記帳によれば、備品の取得価額は100万円であるのに、0円であるかのように処理されます。その結果として、減価償却費も耐用年数のすべての期間で0となります。

法人税や所得税が補助金に課税されてしまうということに対する対処としては、直接減額法で圧縮記帳をすることにより効果があります。

しかし、会計的な観点からは、資産の貸借対照表計上額、減価償却費の適正金額について疑問が残ります。

♠会計処理と税務処理

補助金により取得した備品について考察を続けます。会計と税務について考えていきますので、少し専門的になりますがご容赦ください。

補助金に課税することをなくすために税法が認めているのが圧縮記帳ですが、結果的に備品の計上額が会計上は100万円、税務上は0円ということになってしまいます。

減価償却について考えるために、備品の耐用年数を4年、償却方法を定額法として考えてみましょう。会計上の償却計算は、初年度償却額2 5万円、期末未償却残高75万円です。他方、税務上は取得価額0円なので、初年度償却額は0円、期末未償却残高0円です。

税務申告上の減価償却費損金算入限度額は0円なので、会計上計上されている減価償却費25万円は限度額超過となってしまいます。この点については、固定資産圧縮積立金をを同額（この事例の場合）取り崩し、別表四において益金として加算することにより、損金算入限度超過額を相殺して課税所得への影響額を0円とします。もう少し深く検討すると、税効果を考慮して繰延税金負債を計上する必要があるのですが、ここでは割愛します。

ここまでの整理では、積立金方式のほうが直接減額方式よりも理論的かつ優れているということになりますが、積立金方式の欠点は、会計処理が煩雑で、しかも補助金で取得した固定資産の耐用年数に相当する期間にわたって、積立金の取り崩し処理が会計上・税務上必要となるという事務処理上の負担増というところにあります。

Q65 特別償却ってどういう償却のこと

Answer Point

♤特別償却は、普通償却以外に別枠の減価償却を認める制度です。

♤「初年度特別償却（通常の特別償却）」と「割増償却」の２つがあります。

♠特別償却の特徴は

前述した定額法や定率法といった減価償却の方法を「普通償却」といいます。普通償却は「法人税法」に則したものですが、他に「租税特別措置法」では「特別償却」も設けられています。

この特別償却では、その時々の経済状況を踏まえて行う設備投資や、産業政策からの要請に基づくＩＴ関連設備など、一定の減価償却資産を取得して事業で使用した場合に、普通償却での限度額のほか、別枠で特別償却限度額の範囲内での損金算入が認められています。

損金算入時期を繰り上げることによる課税の繰延べが可能になる、というのがその目的です。

損金算入=普通償却額＋特別償却額

政策促進のため、現在かなりの数の特別償却の制度が設けられており、いずれも細かく適用の規定が定められています。また、一部の制度では特別償却ではなく「税額控除（特別控除）」を選択し、適用することもできます。

税額控除（特別控除）とは、一定の額を当該事業年度の法人税から直接控除することです。ここでいう一定の額とは、基準となる取得価額に制度ごとに決められた一定の率を掛けることで算出される額のことです。

なお、特別償却は原則的に青色申告法人にのみ認められています（一部例外あり）。また、政策的見地から認められている特別償却については、他の特別償却や圧縮記帳との二重の適用は原則的に認められていません。

なお、特別償却は原則的に青色申告法人にのみ認められています（一部例外あり）。また、確定申告の際には、申告書に特別償却の付表や税額控除についての別表を添付し、さらに別表十六（一）もしくは別表十六（二）に償却費の損金算入限度額を普通償却分と特別償却分とに分けて記載する必要があります。

♠特別償却には２つの形態がある

広い意味での特別償却は、租税特別措置法で定められている償却にかかる税務上の優遇措置のことで、これは、一般的にいわれる「特別償却（初年度特別償却または当初控除）」と「割増償却（割増控除）」とに分けられます。

【図表123　広義の特別償却】

広義の特別償却	
	狭義の特別償却……取得価額の一定割合の金額について償却することが認められる制度。
	割増償却……通常の減価償却限度額に一定割合を乗じた金額を割増で償却することが認められる制度。

狭義での特別償却とは、設備投資を行った初年度に、その投資額である取得価額の一定割合を通常の減価償却費とは別に損金として控除できるものです。この場合の取得価額の一定割合部分のことを「特別償却限度額」といいます。

一方、割増償却とは、ある資産を取得した場合、資産の供用開始年度から一定の期間、各事業年度の普通償却限度額の一定割合部分を特別償却限度額とするものです。

なお、狭義での特別償却の場合は、初年度に費用化せず、１年間償却額を繰り越すことも認められています。

普通償却に認められない償却額の繰越が特別償却において認められるのは、この制度が税務上の優遇措置であるために、企業の収益状態に合わせた対応ができるよう配慮したものと考えられています。

♠特別償却（初年度特別償却）の損金算入限度額の計算は

特別償却（初年度特別償却）の損金算入限度額の計算は、特別償却限度額（取得価額×特別償却率）を普通償却に上乗せして行います。

【図表124　特別償却（初年度特別償却）の損金算入限度額の計算例】

取得価額2,000万円の機械装置（年度期首に取得）
耐用年数10年、定率法（償却率0.206）
中小企業投資促進税制を適用（特別償却割合30％）
　１年目の普通償却額……412万円（20.6%）
　１年目の特別償却額……600万円（30％）
　⇒初年度償却額……上記を合わせた1,012万円
※このように初年度で特別償却した場合、耐用年数より早い時期に取得価額に達し、耐用年数も自動的に短縮されます（この場合は８年に）。

【図表125　特別償却限度額の計算】 （単位：万円）

	普通償却のみの場合		特別償却した場合	
	減価償却費	帳簿価額	減価償却費	帳簿価額
取得１年目	412	1,588	1,012	988
取得２年目	327	1,261	204	784
取得３年目	260	1,001	162	622
取得４年目	206	795	128	494
取得５年目	164	631	102	392
取得６年目	130	501	81	311
取得７年目	103	398	64	247
取得８年目	82	316	51	196
取得９年目	65	251	—	—
取得10年目	51	200	—	—

【図表126　経理処理の方法】

①　通常方式（通常の減価償却と同じように処理）
　（借）減価償却費　××　（貸）機械装置（または減価償却累計額）××
②　準備金方式（通常の減価償却と区別し、特別償却準備金で処理）
　（借）減価償却費　××　（貸）特別償却準備金　××
③　利益処分方式（償却費を損益計算上の費用にせず処理）
　（借）繰越利益剰余金　××　（貸）特別償却準備金　××
※損益計算書に費用計上する①②より、③が一般的に妥当です。

♠割増償却の損金算入限度額の計算は

割増償却の損金算入限度額の計算は、割増償却限度額（普通償却限度額×割増率）を普通償却に上乗せして行います。

【図表127　割増償却の損金算入限度額の計算例】

取得価額2,000万円の新築貸家住宅
　耐用年数10年、定率法（償却率0.206）
　年度期首に新築物件を貸家に供し、「優良賃貸住宅等の割増償却等」の制度により５年間割増償却、割増償却率は15％
１年目の普通償却額……412万円（20.6％）
１年目の特別償却限度額……61.8万円（412万円の15％）
⇒初年度償却額……473.8万円

Q66 割増償却制度の概要は

Answer Point

♤通常の減価償却額に一定割合を乗じた額の減価償却を認める制度です。
♤特別償却と同様、資産の耐用年数を短縮する効果もあります。

♠割増償却というのは

割増償却とは、通常の償却限度額に一定の割増率を乗じて、償却限度額を割り増しすることにより、取得資産の早期償却を可能にする制度です。

特別償却との違いは、特別償却の場合償却初年度に効果が集約されるのに比べ、割増償却の場合は毎期償却限度額が継続して増加する点です。

♠割増償却の例は

次項で紹介する保育施設用資産の割増償却の場合には、12％相当の割増償却ができます。この場合の減価償却費の損金算入限度額は、普通償却の限度額に１１２％を乗じた金額になります。字義通り12%の割増しということです。特別償却の場合と異なり、時期以降も割増の摘要は継続しますので注意が必要です。

♠割増償却の意味は

特別償却と同様、政策的に投資を促進したい投資対象について、継続的に減価償却を割増しして認めることで、民間投資の促進を意図したものです。

税制が政策的意図を反映したものであるという典型的ケースです。

♠割増償却と耐用年数の短縮効果は

特別償却（初年度特別償却または当初償却）と同じく、割増償却した場合も耐用年数が短縮されます。５年間に割増償却が実施された場合、普通償却のみの償却よりも早い段階で投下資本の回収が終わります。

例えば、1,000,000 円の建物について耐用年数 10 年の場合、５年後には、普通償却費のみの場合、回収額が 684,425 円、割増償却を適用した場合には、806,723 円になり、その後それぞれ普通償却を行った場合、耐用年数が 10 年から８年に自動的に短縮されます。

Q67 中小企業防災・減災投資促進税制の概要は

Answer Point

♤中小企業防災・減災投資促進税制（特定事業継続力強化設備等の特別償却制度）は、中小企業が自然災害に備えた事前対策を強化するための設備投資を後押しするための制度です。

♠制度の概要

台風や集中豪雨などの災害により事業の継続に影響が出るようなことに対応するため、中小企業が防災・減災設備へ投資するよう後押しする制度です。

この制度は、令和元年7月16日～令和7年3月31日までの間に中小企業等経営強化法の事業継続力強化計画又は連携事業継続力強化計画の認定を受けた事業者が、当該認定を受けた日から同日以後1年を経過する日までに、当該計画に記載された対象設備を取得等をして事業の用に供した場合は、特別償却18％（2025年（令和7年）4月1日以後に取得等をする対象設備は特別償却16％）の適用を受けることができるというものです。

対象となる設備は、自家発電装置、耐震・制震・免震装置、データバックアップシステム、貯水タンク、浄水装置、排煙設備などです。

♠適用対象者

青色申告書を提出する中小企業者等で、中小企業等経営強化法第50条第1項又は第52条第1項の認定を受けた者が対象者です（図表128）。

【図表128　中小企業者の範囲】

・資本金の額又は出資金の額が1億円以下の法人
・資本又は出資を有しない法人のうち、常時使用する従業員数が1000人以下の法人
・事業協同組合、協同組合連合会、水産加工業協同組合、水産加工業協同組合連合会、商店街振興組合
・常時使用する従業員数が1000人以下の個人事業主をいいます。

注・次の大規模法人の支配下にある会社などは対象外です。

①同一の大規模法人（資本金の額若しくは出資金の額が１億円超の法人、資本若しくは出資を有しない法人のうち常時使用する従業員数が 1000 人超の法人、又は大法人（資本金の額又は出資金の額が５億円以上である法人等）との間に当該大法人による完全支配関係がある法人等をいい、独立行政法人中小企業基盤整備機構（法に規定する認定事業再編投資組合を経由して間接的に保有している部分のみ）及び中小企業投資育成株式会社を除きます）から２分の１以上の出資を受ける法人

②２以上の大規模法人から３分の２以上の出資を受ける法人

③前３事業年度の平均所得金額が 15 億円超の法人

♠適用手続

（１）事業継続力強化計画、連携事業継続力強化計画の作成及び認定の申請

事業継続力強化計画又は連携事業継続力強化計画を作成し、事業継続力強化計画を作成した中小企業者又は連携事業継続力強化計画の代表者の主たる事業所の所在地を管轄する経済産業局に認定を申請する。

（２）設備の取得等

定対象期間内に経済産業大臣の認定を受けた後、事業継続力強化計画又は連携事業継続力強化計画に記載された対象設備を、当該計画の認定を受けた日から１年以内に取得等をする。

（３）税務申告

対象設備の取得等をした後、税務申告を行う。

なお、税務申告の際は、対象設備の償却限度額の計算明細書を添付することが必要です。

♠対象となる設備

制度の対象となる設備は、次の対象設備の種類等に掲げるもののうち、認定を受けた事業継続力強化計画又は連携事業継続力強化計画における目標の達成及び内容の実現に資するものであることにつき、経済産業大臣の確認を受けたものです。

なお、この確認は、経済産業大臣が事業継続力強化計画又は連携事業継続力強化計画を認定する際に、併せて行われます。

ただし、この要件に該当する設備であっても、次の①から③のいずれかにあてはまる設備は対象外です。

①消防法（昭和23年法律第186号）及び建築基準法（昭和25年法律第201号）に基づき設置が義務づけられている設備
②中古品、所有権移転外リースによる貸付資産
③設備の取得等に充てるための国又は地方公共団体の補助金等の交付を受けて取得等をする設備

♠対象設備の種類等

自然災害（「器具及び備品」については、自然災害又は感染症）の発生が事業活動に与える影響の軽減に資する機能を有する減価償却資産のうち、図表129に掲げるものです。

【図表129　対象となる減価償却の種類】

減価償却資産の種類	対象となるものの用途または細目
機械および装置 （100万円以上）	自家発電設備、浄水装置、揚水ポンプ、排水ポンプ、制震・免震装置（これらと同等に、自然災害の発生が事業活動に与える影響の軽減に資する機能を有するものを含む）
器具および備品 （30万円以上）	自然災害：すべての設備、感染症：サーモグラフィ装置（同等に、感染症の発生が事業活動に与える影響の軽減に資する機能を有するものを含む）
建物附属設備 （60万円以上）	自家発電設備、キュービクル式高圧受電設備、変圧器、配電設備、電力供給自動制御システム、照明設備、無停電電源装置、貯水タンク、浄水装置、排水ポンプ、揚水ポンプ、格納式避難設備、止水板、制震・免震装置、架台（対象設備をかさ上げするために取得等をするものに限る）、防水シャッター（これらと同等に、自然災害の発生が事業活動に与える影響の軽減に資する機能を有するものを含む）

注１：架台は、「機械及び装置」と「器具及び備品」では、「対象となるものの用途又は細目」欄に掲げる対象設備をかさ上げするもののみ対象となります。

注２：改正前まで対象設備だった火災報知器、スプリンクラー、消火設備、排煙設備および防火シャッターは対象外となります。

♠特別償却

制度の対象となる設備については、その取得価額の20％の特別償却が可能です。

なお、中小企業による自然災害等に対する事前対策に対する強化に向けた設備投資を後押しし、投資の前倒しを促す観点から2023年4月1日移行に取得する資産については18％の特別償却となります。

Q68 中小企業投資促進税制の概要は

Answer Point

- 中小企業投資促進税制は、中小企業が機械などを取得して事業の用に供した場合の優遇措置です。
- 30%の特別償却または7%の税額控除が可能です。
- 対象事業として、商業・サービス業・農林水産業活性化税制の対象業種の追加等が行われ、適用期限が２年延長されました。

♠制度の概要

中小企業者などが産業競争力強化法の指定期間内に新品の機械・装置などを取得または製作して、国内にある指定業種の事業の用に供した場合に、その指定事業の用に供した日を含む事業年度において、特別償却・税額控除を認める制度です。

従来の「商業・サービス業・農林水産業活性化税制」の対象業種も中小企業投資促進税制に取り込む形で一本化した上で、令和７年３月31日まで期限延長されました。

♠適用対象となる中小企業者

この制度の適用対象となるのは、次の者です。

特別償却	中小企業者とは、①資本金額1億円以下の法人、②農業協同組合、商店街振興組合等、③資本または出資を有しない法人のうち常時使用する従業員の数が1000人以下の法人、④中小企業者および従業員数1,000人以下の個人事業主です。 ただし、中小企業振興という制度の趣旨から、大規模法人に発行済株式または出資の総数または総額の２分の１以上を所有されている法人および２以上の大規模法人に発行済株式または出資の総数または総額の３分の２以上を所有されている法人は適用対象外です。
税額控除	上記の中小企業者のうち資本の額もしくは出資金の額が3,000万円以下の法人または農業協同組合、商店街振興組合等と個人事業主

♠適用の要件は

対象となる資産は、新品である図表130に掲げる資産で、指定期間内に取得しまたは製作して指定事業の用に供したものです。

【図表 130　適用対象となる資産】

(1) 機械及び装置で 1 台又は 1 基の取得価額が 160 万円以上のもの
(2) 製品の品質管理の向上等に資する測定工具及び検査工具で、1 台または 1 基の取得価額が 120 万円以上のもの
(3) (2) に準ずるものとして測定工具及び検査工具の取得価額の合計額が 120 万円以上であるもの（1 台又は 1 基の取得価額が 30 万円未満であるものを除きます）
(4) ソフトウェア（複写して販売するための原本、開発研究用のものまたはサーバー用のオペレーティングシステムのうち一定のものなどは除きます。以下同じ）で次に掲げるいずれかのもの イ　一のソフトウェアの取得価額が 70 万円以上のもの ロ　その事業年度において事業の用に供したソフトウェアの取得価額の合計額が 70 万円以上のもの
(5) 車両及び運搬具のうち一定の普通自動車で、貨物の運送の用に供されるもののうち車両総重量が 3.5 トン以上のもの
(6) 内航海運業の用に供される船舶

対象となる資産に関しては、新品であることと貸付用の資産でないことが要件であることがポイントですが、細かい注意点は国税庁のタックスアンサー No.5433 中小企業投資促進税制で確認することをおすすめします。

♠適用対象年度は

この制度の適用対象事業年度は、指定期間内に適用対象資産を取得し又は製作して指定事業の用に供した場合におけるその指定事業の用に供した日を含む事業年度です。

現時点の指定期間は、令和７年３月 31 日なので、その日までに事業の用に供することが要件で、その日を含む決算期が適用対象年度になります。

注意が必要なのは、事業の用に供するとなっているので、注文や支払ではなく、実際に使える状態で納品されていることが条件ということです。

特に、機械装置やソフトウェアなどの場合には、納品待ちの期間や開発期間が相当長期にわたる場合があるので、その期間も考慮する必要があります。

機械や商品の受注状況、輸送状況の影響などで納期が延びる可能性もあるので、早めにスケジュール確認が必要です。

♠制度の対象業種は

この制度は、製造設備の投資促進を意図したものなので、従来は製造業が主たる対象業種でした。2021年の税制改正において、従来の商業・サービス業・農林水産業活性化税制と統合されたことにより、対象業種はかなり広くなっており、不動産業や物品賃貸業、商店街振興組合なども対象になりました。

ただし、この事業年度であっても、解散(合併による解散を除きます。)の日を含む事業年度及び清算中の各事業年度は除きます。圧縮記帳のうち直接減額方式は、補助金受入額100万円を雑収入として処理したのち、次の処理をします。

（借）固定資産圧縮損100万円／（貸）備品100万円

雑収入を相殺するとともに、備品の取得原価を100万円減少させます。これで補助金として受け取った金額に課税されることはなくなります。

また、実質負担ゼロで取得した備品が0円として処理されるという、ある意味常識的な結果を得ることができます。

しかし、直接減額法では、100万円の価値がある備品を所有しているという事実が、貸借対照表に反映されず、これを事業の用に供することにより発生する費用である減価償却費も損益計算書に反映されません。

このような、決算書上の欠点を修正しながら、補助金に課税されるという問題点を解決するのが積立金方式です。

圧縮記帳のうち積立金方式では、補助金受入額100万円を雑収入として処理したのち、次の処理をします。

（借）繰越利益剰余金100万円／（貸）固定資産圧縮積立金100万円

補助金の受入益はそのままですが、税務申告書の別表四で圧縮積立金認定損を計上することにより、補助金受入益に対する課税負担をなくし、備品は適正な取得価額である100万円で貸借対照表に計上されます。

♠特別償却と税額控除の選択は

資本金3000万円以下の中小法人等は、30％の特別償却と7％の税額控除の選択が可能です。特別償却は、減価償却費が前倒しになるだけで経費となる総額は変わりませんが、税額控除は減価償却とは別なので結果的には得になります。

ただし、法人税額の20％という制限があるので、それに見合う利益が必要となります。

Q69 中小企業経営強化税制の概要は

Answer Point

♤中小企業の経営を強化するために、設備投資を支援する制度です。

♤事前に認定が必要ですが、即時償却が可能になります。

また10%の税額控除も選択可能という強力な制度です。

♤令和７年３月31日まで適用期限が延長されました。

♠制度の特徴は

中小企業経営強化税制は、中小企業の稼ぐ力を向上させる取組みを支援するため、中小企業等経営強化法の認定を受けた計画に基づく投資について、即時償却又は税額控除（10%）のいずれかの適用を認める制度です。

M&Aの効果を高める設備として「経営資源集約化設備（D類型）」を追加した上で、適用期限が２年間延長（令和７年３月31日まで）されました。

機械装置だけではなく、器具備品やソフトウェアも対象となっていますので、生産設備を有する企業であればかなり広く利用できます。

事前に計画認定手続が必要ですが、その手続についても迅速化のための柔軟化がされています。

♠制度の概要は

この制度は、青色申告書を提出する中小企業等経営強化法の経営力向上計画の認定を受けた一定の中小企業者などが平成29年４月１日から令和７年３月31日までの期間（以下「指定期間」といいます）内に、新品の特定経営力向上設備等を取得又は製作若しくは建設して、国内にあるその法人の指定事業の用に供した場合に、その指定事業の用に供した日を含む事業年度において、特別償却又は税額控除を認めるものです（措法42の12の4）。

♠適用対象の法人と年度は

この制度の適用対象法人は、中小企業者等及び中小企業等協同組合等で、中小企業等経営強化法に規定する経営力向上計画の認定を受けたものとされています。

具体的には、青色申告をしていて、資本金または出資金の額が１億円以下の法人や協同組合等が利用可能です。協同組合等には商店街振興会も含まれており、広く活用されることが期待されています。

なお、制度の趣旨から大規模法人の子会社や所得金額の大きな法人などについては、対象外となっています。

適用対象年度は、指定期間内に事業の用に供した日を含む事業年度です。

♠対象となる資産は

制度の対象となる資産は、機械装置（160万円以上）、工具（30万円以上）、器具備品（30万円以上）、建物付属設備（60万円以上）、ソフトウェア（70万円以上）でいずれも新品のものです。また、生産等設備を構成するという要件がありますので、その法人の生産活動、販売活動、役務提供活動などのための直接使われる資産のみが該当します。

具体的には、事務用備品や本店の建物付属設備、福利厚生のための固定資産などは対象外です。

♠4つの類型と手続は

制度の対象となる設備には、A類型からD類型までの4種類があります。

①A類型：生産性向上設備

A類型の要件は、中小企業経営強化法の認定を受けた計画に基づく投資であって、生産性が旧モデルに比べて平均1%以上向上することにつき工業会等の確認を受けた設備であることです。

手続上の注意点は、経営力向上計画を作成して申請書を提出するときに工業会等による証明書の添付が求められることです。

②B類型：収益力強化設備

B類型の要件は、中小企業経営強化法の認定を受けた計画に基づく投資であって、投資収益率が年平均5%以上の投資計画にかかる設備であることについて経済産業局の確認を受けた、その設備であることです。

手続上の注意点は、経営力向上計画を作成して申請書を提出するときに経済産業局に提出した投資計画の確認申請書と経済産業局の確認書の添付が求められることです。経済産業局の個別認定手続が必要ですので、時間が掛かります。

③C類型：デジタル化設備

C類型の要件は、中小企業経営強化法の認定を受けた計画に基づく投資であって、遠隔操作、可視化、自動制御化のいずれかを可能にする設備であることについて経済産業局の確認を受けた、その設備であることです。

手続上の注意点は、経営力向上計画を作成して申請書を提出するときに経済産業局に提出した投資計画の確認申請書と経済産業局の確認書の添付が求められることです。経済産業局の個別認定手続きが必要になりますので、B類型同様に少し時間が掛かります。

④D類型：経営資源集約化設備

D類型は、令和3年度税制改正で追加されたものです。中小企業の事業承継については、将来の我が国経済の発展のための重要なテーマです。中小企業の事業承継の一類型としてM&Aも活用することが期待されており、これを設備投資の側面から支援するのがこのD類型の新設です。

D類型の要件は、経営資源の集約化によって生産性向上等を目指す計画の認定を受けた中小企業が、計画に基づくM&Aを実施した場合に、そのM&Aの効果を高める説に投資であることです。

具体的な例としては、自社の技術とM&Aにより取得した技術を組み合わせた新製品の製造設備や、原材料の調達・製品販売のための共通システムの導入のための投資などが当てはまります。

M&Aの効果を高めるかどうかを判断する指標としては、修正ROAまたは有形固定資産回転率が使われており、これらが一定以上上昇する設備であることが要件になっています。

ROA（Return on Asset）は、総資産利益率と呼ばれ、当期純利益と総資産の比率を指します。少ない投資で効率的に利益を獲得するかを計る指標です。有形固定資産回転率は、売上高と有形固定資産への投資額の比率であり、投資した有形固定資産が売上高を効率的に獲得しているのかを計る指標です。

♠制度の指定事業は

この制度の適用対象となる指定事業は図表131に掲げる事業です。

【図表131　指定事業】

製造業、建設業、農業、林業、漁業、水産養殖業、鉱業、採石業、砂利採取業、卸売業、道路貨物運送業、倉庫業、港湾運送業、ガス業、小売業、料理店業その他の飲食店業、一般旅客自動車運送業、海洋運輸業及び沿海運輸業、内航船舶貸渡業、旅行業、こん包業、郵便業、情報通信業、損害保険代理業、不動産業、物品賃貸業、学術研究、専門技術サービス業、宿泊業、洗濯・理容・美容・浴場業、その他の生活関連サービス業、映画業、教育、学習支援業、医療、福祉業、協同組合（他に分類されないもの）、サービス業（他に分類されないもの）

かなり広く対象となっており、サービス業や卸小売業が含まれていること

も特徴です。

♠償却限度額と税額控除限度額

償却限度額は、取得価格から普通償却限度額を控除した金額に相当する金額とされ、普通償却限度額と合計するといわゆる即時償却が可能です。

即時償却とは、資産を取得した事業年度にその取得価額の全額を経費として処理することを指しますが、資産の取得が決算期末近くであっても、その全額を経費とすることが可能という点でも強力な制度です。

また、税額控除限度額も10%とかなり優遇されています。また、7%に減ってはいますが、資本金3000万円超の企業も税額控除が選択できます。

♠税額控除の繰越

税額控除制度は、通常の減価償却費以外の別枠で納税額を減少させることができる魅力的な制度ですが、その事業年度の法人税額の20%が上限です。

なお、税額控除の金額がこの制限により、その事業年度に控除しきれなかった場合には、1年間の繰越が認められており、翌年の法人税額から控除することができます。

♠中小企業にとって最強の優遇税制である理由は

特別償却を認める制度はいろいろあります。利益が出たときの節税対策はいくつか考えられますが、やはり、将来のための設備投資で節税ができれば最良の選択です。しかし、毎期安定的に利益が出る企業なら特別償却は減価償却が前倒しになるだけで、通算すればあまり意味があるとはいえません。

この点、税額控除は、減価償却計算とは別に法人税を直接減額できるので、いつも利益を計上する企業にとっても魅力的なのですが、通常は資本金3000万円以下の企業でないと選択できません。この制度は、資本金3000万円超の法人も税額控除を選択できる点でも強力な制度です。

また、サービス業や卸小売業も対象となっている点でも強力であるといえます。ただし、法人税額の20%という制限があるため、現実には使い切ることは容易ではありません。経営強化法の認定のための計画は、簡便なものですが、制度を100%活用するためには、しっかりと事業計画を検討して税額控除を2年間で使い切ることができるよう、十分な利益を生み出すことが必要になります。

Q70 地方拠点強化税制の概要は

Answer Point

♤地域再生法に基づき、地方の「しごと」を創出するための制度です。
♤地方におけるオフィスの取得について特別償却、税額控除ができます。

♠制度の概要は

地方創生のためには、地方における「しごと」の創出が必要です。そのために、地方自治体が教育や医療の環境を計画的に推進し、その計画に沿って地方の拠点の強化・拡充を行う企業を支援する措置がこの制度です。

♠オフィスの取得に関する減税です

平成27年6月19日に地域再生法が改正され、同日から令和6年3月31日までの間に地域再生法の地方拠点強化実施計画について承認を受けたものが、その承認の日から2年以内に、その計画に記載された建物等を取得した場合に特別償却または税額控除ができます。

♠地方にある企業の本社機能を強化する場合

地方にある企業が、本社などの建物・付属設備・構築物で一定規模以上のものを取得した場合に、その取得価額の15%の特別償却又は4%の税額控が選択適用できます。なお、税額控除を選択した場合の控除額は、当期の法人税額の20%が上限です。

♠東京圏から本社機能等を地方に移転する場合

東京23区から地方に移転する場合には、その取得価額の25%の特別償却または7%の税額控除が選択適用できます。

税額控除の上限額は同様に20%です。

♠対象となる建物等

本社の新社屋や研究所・研修所を地方に集約する場合などに、2,000万円以上（中小企業は1,000万円以上）の建物などを取得した場合に対象となり、特別償却または税額控除が可能です。

Q71 投資促進税制の見直し等その他の改正は

Answer Point

♤「新たな日常」に向けた改革を実現する投資促進をテーマに、カーボンニュートラルに向けた投資促進税制とデジタルトランスフォーメーション投資促進税制の適用期間が延長等されています。

♠カーボンニュートラルに向けた投資促進税制の創設

2050年カーボンニュートラルに向け、企業による脱炭素化のための投資を促進するため、効果の高いと考えられる先進的な投資について、税額控除又は特別償却ができる措置について、その適用期限が延長されました。

(1) 制度の概要

租税特別措置法により、令和3年4月1日から令和7年3月31日までの3年間の時限措置とすることで、企業の投資がカーボンニュートラルに効果的な分野に向くように税制上も後押しをしようとする制度です。

内容は、産業競争力強化法により計画認定制度を設け、その制度下で次の2つを最大10%の税額控除又は50%の特別償却を認めるというものです。

①大きな脱炭素化効果を持つ製品の生産設備導入

②生産工程等の脱炭素化と付加価値向上を両立する設備導入

(2) 対象となる設備と措置内容は

①大きな脱炭素化効果を持つ製品の生産設備導入

これに該当するのは、温室効果ガス削減効果が大きく、新たな需要の拡大に寄与することが見込まれる製品の生産に専ら使用される設備とされており、対象設備は機械装置であり、経済産業省の資料では、化合物パワー半導体と燃料電池が製品イメージとしてあげられています。

この要件に該当する機械装置には、税額控除10%又は特別償却50%が認められます。

②生産工程等の脱炭素化と付加価値向上を両立する設備導入

これに該当する事業所等の炭素生産性を相当程度向上させる計画に必要となる、機械装置、器具備品、建物附属設備、構築物などの設備であって、導入により事業所の炭素生産性が１％以上向上するものです。

この要件に該当する設備には、次の２つが認められます。

・税額控除 10％又は特別償却 50％（３年内に 10％以上向上の場合）
・税額控除 5％又は特別償却 50％（３年内に　7％以上向上の場合）

♠ DX（デジタルトランスフォーメーション）投資促進税制の見直し

ウィズ・ポストコロナ時代を見据え、デジタル技術を活用した企業変革（デジタルトランスフォーメーション）を進める観点から、クラウド化等のデジタル環境の構築に向けた投資を促進するために、該当する投資について税額控除又は特別償却ができる措置について、認定基準が見直され、その適用基準が延長されました。

（１）制度の概要

新たな計画認定制度を産業競争力強化法に創設し、これに基づき事業適応計画の認定を受け、その計画下で必要なクラウド技術を活用したデジタル関連投資をした場合に、税控除（５％、３％）又は特別償却 30% を認めるというものです。

この制度も、租税特別措置法による時限立法（令和３年４月１日から令和７年３月 31 日までの２年間）とされており、DX 分野への企業投資を推進する功が期待されます。

（２）認定された事業適応計画による設備投資と措置内容は

この制度を利用するためには、事業適応計画の認定要件を満たした上、次の２つの要件を両方とも満たすことについて主務大臣から確認を受ける必要があります。この企業変革要件の見直しが行われました。

①デジタル要件（D 要件）

（データ連携・共有、レガシー回避、サイバーセキュリティ等の確保）

イ　データ連携・共有（他の法人等が有するデータ又は事業者がセンサー等を利用して新たに取得するデータと内部データとを合わせて連携すること）

ロ　クラウド技術の活用

ハ　情報処理推進機構が審査する「DX 認定」の取得

②企業変革要件（X 要件）

（ビジネスモデルの変革、アウトプット、全社レベル等の確保）

イ　成長性の高い海外市場の獲得を図ること（対象事業の海外売上比率・高比率が一定割合以上）

ロ　全社レベルの売上上昇が見込まれること
ハ　投資総額が売上高比 0.1％以上であること
ニ　全社の意思決定によるものであること

これらの要件を満たす認定計画に基づいて、DX 実現に必要なクラウド技術を活用したソフトウェア購入、クラウドシステム移行に伴う初期費用とこれらと連携して使用する器具備品・機械装置について税控除（５％、３％）又は特別償却 30% を認められます。

なお、税額控除は「カーボンニュートラルに向けた投資促進税制」、「DX 投資促進税制」の合計で法人税額の 20％が上限です。

♠中小企業向け投資促進税制等の延長

地域経済がエネルギー価格や原材料費の高騰等の厳しい経済状況に直面する中、高い付加価値を生み出す設備投資を促進する観点から、適用期限が２年間延長されました。

地域の稼ぐ力を強化すべく特に高い付加価値（3 億円以上）を創出し、地域内企業との取引や雇用を通じて、より一層地域経済に波及効果を及ぼす事業について新たに上乗せ支援の対象としました。

♠投資促進と税制

カーボンニュートラル、デジタルトランスフォーメーションといった方向へ舵を切るためには、多くの企業が同時期に集中して行動を起こす必要があります。その場合に有効な政策が税制面の優遇です。

税金に関する法律は、税に関する公正・公平だけではなく、産業政策的な要請から、企業行動を促進するためのツールとして使われることもあります。

特定の分野に対する投資を促進しようとする場合には、税制上の優遇策を設定することが有効です。しかし、法律の改正にはしかるべき手続が必要であり、相応の期間を必要とします。

租税特別措置法は、主に、企業の投資を促進して景気刺激を行うなど政策的な目的を持って法人税法を暫定的に修正する法律です。

経済などの変化の速さに対応するため、何年までという適用期限を定める形で、企業活動を望む方向へ更新する目的などに活用されています。

経済情勢に応じて当初の適用年限が延長されることも多いため、実務上も注意が必要ですが、有利なものが多いので上手に利用しましょう。

Q72 特別償却準備金の積立と償却不足分の取扱いは

Answer Point

♤特別償却分の減価償却費を損金算入しないために特別償却準備金を設けます。

♤特別償却の償却不足額は、不足額の生じた翌事業年度に1年だけ繰り越せます。

♠特別償却準備金の積立は

Q 64で、特別償却を行う場合の経理処理について少し触れましたが、利益処分方式で特別償却準備金方式により処理した場合は、特別償却において係る減価償却費が損益計算上の費用に計上されません。

企業会計上、特別償却は損益計算と関係なく、利益処分によって行うのが正しいと考えられています。

特別償却による償却額は、正規の減価償却手続によって費用配分されるものではなく、租税政策上の優遇措置として損金算入される項目であるため、損益計算の観点からは費用性が認められません。

利益処分方式の仕訳処理は、次のようになります。

（借）繰越利益剰余金　××　　（貸）特別償却準備金　××

このように会計上の費用に計上しないために、また、特別償却にかかる償却部分を資産から減少させないために、特別償却準備金が「純資産の部」の「任意積立金」の一種として計上されます。

ただし、税務上は、特別償却における償却額は損金として認められますので、特別償却準備金を積み立てた場合は、申告書の別表四で減算処理をすることになり、申告書への記載と併せ、別表十六（七）の「特別償却準備金の損金算入に関する明細書」への記載・添付が求められます。

結果、貸借対照表には積立金としての準備金の積立額（または取崩額）を反映させ、株主資本等変動計算書に準備金積立額（または取崩額）を記載することになります。

♠特別償却準備金の取崩しは

取得した資産の耐用年数によって、特別償却準備金の取崩期間が変わってきます。取崩しは、資産を取得した年度の翌事業年度から行います。

【図表132　特別償却準備金の取崩し】

耐用年数が10年以上の資産	7年で取崩し
耐用年数が５年以上10年未満の資産	５年で取崩し
耐用年数が４年以下の資産	耐用年数と同じ期間で取崩し

※１事業年度が１年に満たない場合は月割計算で取り崩します
※経理処理：（借）特別償却準備金　××（貸）繰越利益剰余金　××

【図表133　特別償却準備金の取崩しイメージ図（耐用年数10年維持用の場合）】

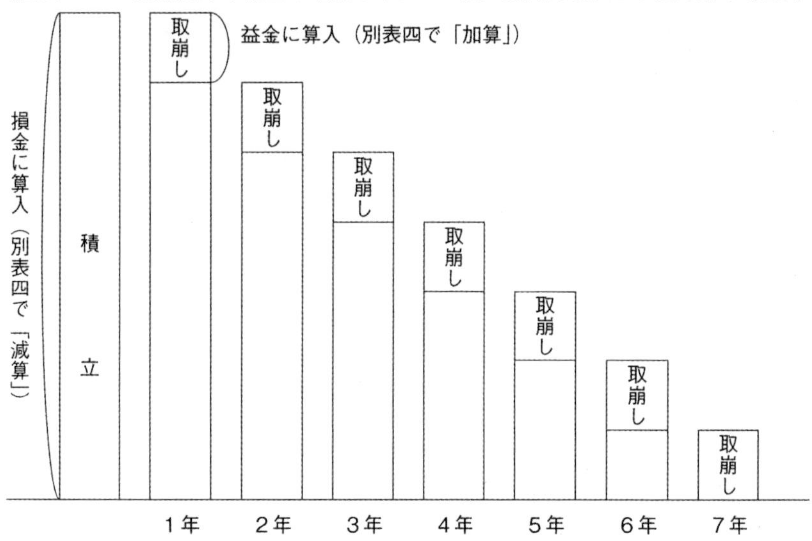

また、特別償却準備金を取り崩した年度では、申告書別表四において加算処理をすることになります。

♠特別償却不足額の経理処理は

通常、損金処理した償却費が償却限度額に満たないときの償却不足額は、翌期以降に繰り越して損金に算入することはできませんが、特別償却の償却不足額は、不足額の生じた翌事業年度に１年だけ繰り越すことが認められています。

例えば、普通償却額100万円、特別償却額30万円で115万円の損金処理した場合、特別償却不足額が15万円となり、不足額を全額翌事業年度へ繰り越すことができます（図表134）。

【図表134　特別償却の償却不足額】

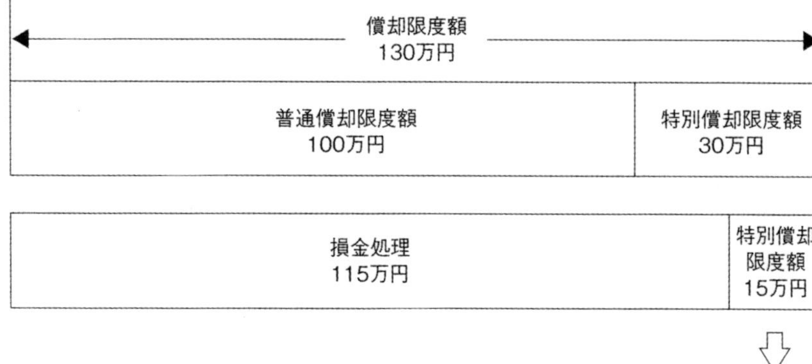

しかし、同じく普通償却額100万円、特別償却額30万円で85万円の損金処理をしていた場合、特別償却不足額として翌事業年度に繰り越せるのは30万円であり、普通償却分で足りない15万円は償却期間が延長され、将来解消されることになります（図表135）。

【図表135　特別償却不足額の翌期繰越し】

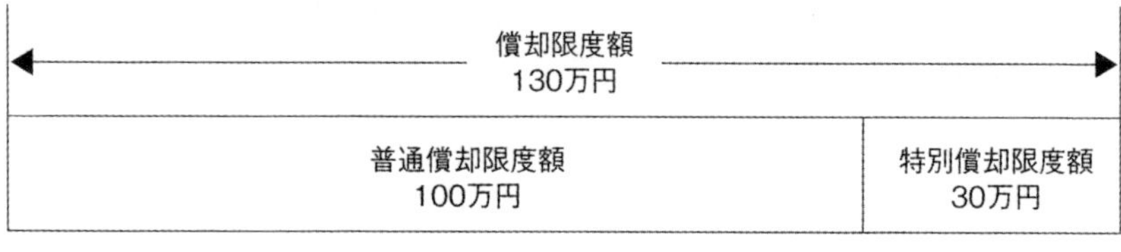

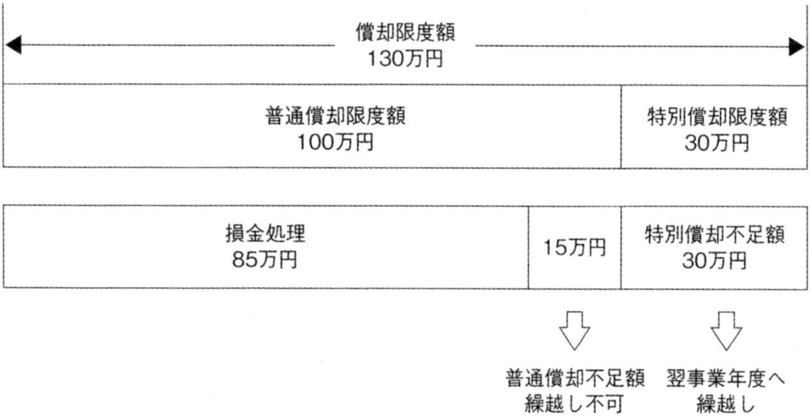

♠特別償却不足額が生じた翌年度の普通償却額の計算式は

ところで、旧定率法を採用している場合は、償却不足額が既に償却されているとして、図表136の式で計算します。

【図表136　特別償却不足額が生じた翌年度の普通償却額の計算式】

・（期首帳簿価額－特別償却不足額）×償却率＝普通償却限度額
　普通償却限度額＋特別償却不足額＝当期償却限度額

Q73 特別償却と税制控除はいずれを選べばいい

Answer Point

♤特別償却と税額控除の両方を適用できませんので、有利なほうを選びましょう。
♤それぞれの性格を把握して、シュミレーションしてみることが大事です。

♠特別償却は「課税の繰延べ」、税額控除は「税額自体の控除」

制度によりますが、前にあげた中小企業投資促進税制や情報基盤強化税制などでは、特別償却か税額控除か、いずれかを決算時までに選択・決定できます。

図表137に特別償却と税額控除のポイントをまとめてみました。

【図表137　特別償却と税額控除の違い】

	特別償却	税額控除
① 特　徴	普通償却限度額に特別償却限度額を上乗せするもので、課税の繰延べの効果を持っています。トータルの償却限度額が増えるものではなく、早い段階で償却を多くするものです。	法人税額から、一定の算式により計算した控除税額を差引き、納税額自体を減額させる効果を持っています。
② 計算例（中小企業投資促進税制の場合）	特別償却限度額 ＝取得価額×30%	税額控除限度額 ＝取得価額×７% ※ ただし法人税額の20%が限度
③ 利　点	普通償却の上乗せ分で、課税の繰延べ効果のみが得られる効果です しかし、現時点での赤字法人が２、３年後には黒字転換し税額が発生すると見込まれる場合は税額控除よりも有利です。	事業供用年度の法人税額の20%が限度額であるため事業供用年度において法人税額が多額に発生するような場合は、単なる課税繰延べである特別償却よりも税額控除を選択する方が有利です。
④ 控除しきれない場合	—	控除税額が法人税額の20%を超え、控除し切れない場合は翌事業年度の法人税額から控除することができます。ただし、翌事業年

		度の法人税額の20%が限度となり、控除しきれない場合は切捨てになります。また、次の事業年度に同様の資産を取得し、税額控除を受ける場合、その合計で法人税額の20%が限度額になります。

結果として、特別償却は償却を早期に完了させることで課税を繰延べする働きがあり、一方で税額控除は税額そのものを安くする働きがあります。こうした性格を把握して、その期１年度のみのことではなく、長期的な視点で選択することが重要です。

♠選択するにあたっての注意点は

特別償却か税額控除かを選択する際に、気をつけておくべきことがいくつかあります。

まず、特別償却する場合、同じ資産について圧縮記帳を行っている場合は、特別償却も税額控除も適用できません。また、同じ事業年度で法人税法上の税額控除がある場合、最初に租税特別措置法での税額控除を行い、そのあとで法人税法上の税額控除を行わなくてはなりません。

なお、同じ事業年度において、租税特別措置法の税額控除がいくつかあった場合は、控除の順番を自由に決めることができます。

また、翌事業年度に同じような資産取得を行い、税額控除を適用する場合は、前年度のものとの合計で法人税額の20%になる額が限度額になります。

♠選択する視点は

通常、黒字の法人が特別償却を適用した場合、初年度の減価償却費は、普通償却費に特別償却費が加算された額になり、法人税の課税所得が少なくなるため、税額控除よりも特別償却のほうが有利ですが、減価償却期間全体で見た場合には税額控除のほうが有利になります。

逆に、初年度及び、翌期以降も赤字になるであろう法人は、法人税額が少なくなるものの、その分税額控除限度額の繰越控除をしきってしまうことができず、黒字や赤字の影響を受けない特別償却のほうが有利になってきます。

いずれにせよ、自社の状態や置かれている状況を把握したうえで、将来に向けてのシュミレーションをして決めることが重要です。

Q74 特別償却と税制控除のどちらが有利かのシミュレーションは

Answer Point

♤具体的に事例を使って特別償却と税額控除のどちらが有利かを探ってみましょう。

♠特別償却と税額控除を比較すると

ここでは具体的事例を使い、毎年、そして中期的にみて、どれぐらいの税金を支払うことになるか、特別償却を適用する場合と、税額控除をする場合とを比較してみましょう。

なお、１つの資産について法人税額の特別控除と別の租税特別措置法に基づく特別償却もしくは圧縮記帳とを重複して適用できません。

また、同一の事業年度で、法人税法上の税額控除がある場合、最初に租税特別措置法上の特別控除を行い、その後法人税法上の税額控除を行う、という手順を踏まなくてはなりません。

その他、前提条件は、図表138の❶のとおりです。

【図表138　特別償却と税額控除の比較例】

❶　前提条件

① 平成25年度に設備投資促進制度を適用できる取得価額300万円の機械装置を導入し、５年間使用。
② 機械装置の耐用年数は5年、定率法、償却率0.369で償却。
③ 平成25年度の法人税額は120万円。

❷　特別償却費の計算　（単位：円）

年度	普通償却費	特別償却費	償却費合計	償却累計額	実効税率	節税額
25	1,107,000	900,000※	2,007,000	2,007,000	40%	802,800
26	366,417	0	366,417	2,373,417	40%	146,567
27	231,209	0	231,209	2,604,626	40%	92,484
28	95,374	0	95,374	2,700,000	40%	38,150
29	0	0	0	2,700,000	40%	0
合計	1,800,000	900,000	2,700,000	—	—	1,080,001

※ 特別償却費＝3,000,000円×30％

❸ 税額控除の計算 (単位：円)

年度	普通償却費	特別償却費	償却費合計	償却累計額	実行税率	節税額
25	1,107,000	0	1,107,000	1,107,000	40%	442,800
	《税額控除》	① 取得価額の7%を税額控除した額 3,000,000円×７％＝210,000円 ② 法人税額の20% 1,200,000円×20%＝240,000円 ・控除限度額は ①<②⇒税額控除は210,000円			—	210,000
26	698,517	0	698,517	1,805,517	40%	279,407
27	440,764	0	440,764	2,246,281	40%	176,306
28	278,122	0	278,122	2,524,403	40%	111,249
29	175,497	0	175,495	2,700,000	40%	70,198
合計	2,700,000	0	2,700,000	—	—	1,289,960

初年度の減価償却額が普通償却額のみであるため、５年の耐用年数どおりの５年間にわたり減価償却を行います。

♠初年度の税額控除額・５年後の節税合計額は

図表138でみてみると、初年度の節税額は、特別償却を適用した場合のほうが15万円多くなり、有利になります。２年目にしても節税分の累計としては17,000円程度特別償却のほうが有利になります。

しかし、３年目（27年度）からは税額控除を適用していた場合のほうが累計としては有利になります。

特別償却では、初年度に多額の償却額を計上しているため、翌年度からの償却額が少なくなり、節税額も少なくなります。

結果、資産取得の５年後の節税合計をみると、税額控除を適用した場合のほうが209,959円も有利になります。

ただし、初年度はもちろん、翌期以降も欠損が見込まれている法人の場合は、控除限度額の繰越控除ができないため、特別償却のほうが有利になります。

特別償却の制度は、課税の繰延べにすぎません。法人税額が発生する場合、税額控除を適用するほうが有利になります。

特別償却を適用するか、税額控除を適用するかは、制度ごとの特別償却率の違いや、税額控除率の違いがあるうえに、各社の財政状態・経営成績により節税の額が変わってきますので、独自に詳細なシュミレーションをしたうえで決定する必要があります。

Q75 特別償却準備金の積立初年度の処理は

Answer Point

♤特別償却の制度適用を受ける際に積み立てる特別償却準備金の会計上での取扱いをみてみましょう。
♤特別償却準備金を積み立てた初年度の税務を確認します。

♠T社の特別償却準備金の会計処理と税務処理の流れは

Ｔ社の特別償却準備金の会計処理と税務処理の流れをみてみましょう。

資本金10,000千円でＴ社を設立しました。

当期（初年度）の売上は8,000千円、原価は5,600千円、その他、配当金の支払200千円、利益準備金の積立20千円、別途積立金の積立が150千円です。

なお、法人税率は22％です。

会社設立に合わせ、期首に700千円の機械を導入し、特別償却制度を適用しました。これに伴い取得価額の30％の特別償却準備金を積立てます。

機械は耐用年数10年、定額法で償却します。特別償却準備金は７年均等で翌年度から取り崩します。

初年度の仕訳処理は、図表139のとおりです。

【図表139　初年度の仕訳処理】　（単位：千円）

		借方	金額	貸方	金額
①	機械取得	（借）機械	700	（貸）現金	700
②	仕入	（借）原価	5,600	（貸）現金	5,600
③	売上	（借）現金	8,000	（貸）売上	8,000
④	支払配当	（借）繰越利益剰余金	220	（貸）現金	200
				（貸）利益剰余金	20
⑤	積立金	（借）繰越利益剰余金	150	（貸）別途積立金	150
⑥	決算整理	（借）減価償却費	63	（貸）減価償却累計	63
		繰越利益剰余金	210	（貸）特別償却準備金	210
		法人税	468	（貸）未払法人税	468

特別償却をする場合、通常株主資本等変動計算書にて特別償却準備金を計上します。特別償却は税法固有の償却であるため、損益計算書に計上できないためです。初年度はその積立額を別表四で減算し、所得から控除すること

で節税になります。

特別償却準備金は、翌年から最長で７年に渡って均等額を取り崩します。取り崩す各年度で益金に算入し、所得に加算することになります。

なお、特別償却準備金の取崩しは、耐用年数により期間が異なりますので、注意が必要です。

♠会計処理と税務処理の内容は

会計処理と税務処理の内容は、図表140のとおりです。

【図表140　会計処理と税務処理の内容】　（単位：千円）

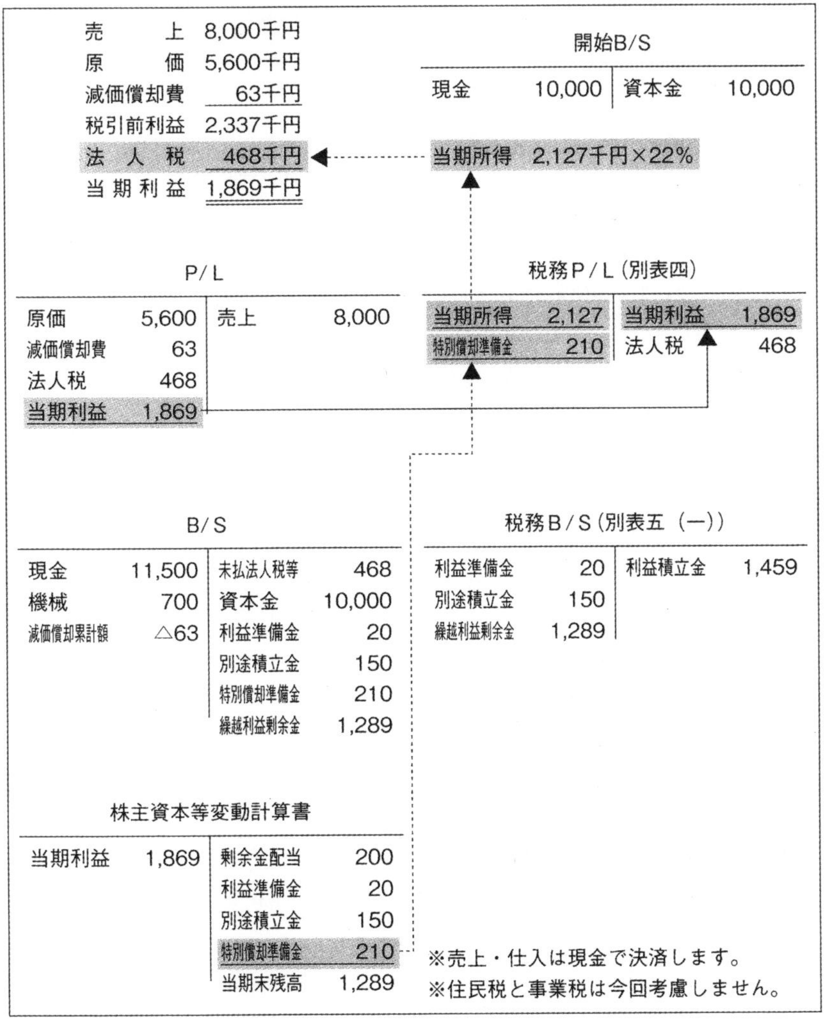

売上	8,000千円
原価	5,600千円
減価償却費	63千円
税引前利益	2,337千円
法人税	468千円
当期利益	1,869千円

開始B/S

借方		貸方	
現金	10,000	資本金	10,000

当期所得　2,127千円×22%　→ 法人税 468千円

P/L

借方		貸方	
原価	5,600	売上	8,000
減価償却費	63		
法人税	468		
当期利益	1,869		

税務P/L（別表四）

借方		貸方	
当期所得	2,127	当期利益	1,869
特別償却準備金	210	法人税	468

B/S

借方		貸方	
現金	11,500	未払法人税等	468
機械	700	資本金	10,000
減価償却累計額	△63	利益準備金	20
		別途積立金	150
		特別償却準備金	210
		繰越利益剰余金	1,289

税務B/S（別表五（一））

借方		貸方	
利益準備金	20	利益積立金	1,459
別途積立金	150		
繰越利益剰余金	1,289		

株主資本等変動計算書

借方		貸方	
当期利益	1,869	剰余金配当	200
		利益準備金	20
		別途積立金	150
		特別償却準備金	210
		当期末残高	1,289

※売上・仕入は現金で決済します。
※住民税と事業税は今回考慮しません。

特別償却準備金の積立翌年度の処理は

Answer Point

♤Q73を前提に、特別償却準備金を取り崩す際の会計処理をみてみましょう。

♤特別償却準備金の取崩分は、税務上益金に算入されます。

♠T社の２期目の特別償却準備金の会計処理と税務処理の流れは

Ｔ社の２期目の特別償却準備金の会計処理と税務処理の流れをみてみましょう。

資本金10,000千円のＴ社は今期が２期目です。

当期の売上は15,000千円、原価は11,000千円、その他、配当金の支払500千円、利益準備金の積立50千円、別途積立金の積立が300千円です。

なお、法人税率は22％です。

前期末に特別償却準備金を計上しており、当期から７年均等で取り崩します。前期首に購入した機械は前年度同様耐用年数10年、定額法で償却します。

第２期の仕訳処理は、図表141のとおりです。

【図表141　当期（第２期）の仕訳】　（単位：千円）

項目	借方	金額	貸方	金額
①仕入	（借）原価	11,000	（貸）現金	11,000
②売上	（借）現金	15,000	（貸）売上	15,000
③前期分納付	（借）未払法人税	468	（貸）現金	468
④支払配当	（借）繰越利益剰余金	550	（貸）現金	500
			（貸）利益剰余金	50
⑤積立金	（借）繰越利益剰余金	300	（貸）別途積立金	300
⑥決算整理	（借）減価償却費	63	（貸）減価償却累計額	63
	特別償却準備金	30	（貸）繰越利益剰余金	30
	法人税	873	（貸）未払法人税	873

特別償却準備金を取り崩した額が益金として算入されます。次ページで会計上・税務上の処理をみますが、特に税務Ｐ/Ｌ（別表四）における特別償却準備金の益金計上に注目してください。

この準備金の取崩しが終わるまで、こうした処理を毎年行っていきます。

♠会計処理と税務処理の内容は

会計処理と税務処理の内容は、図表142のとおりです。

【図表142　会計処理と税務処理の内容】　（単位：千円）

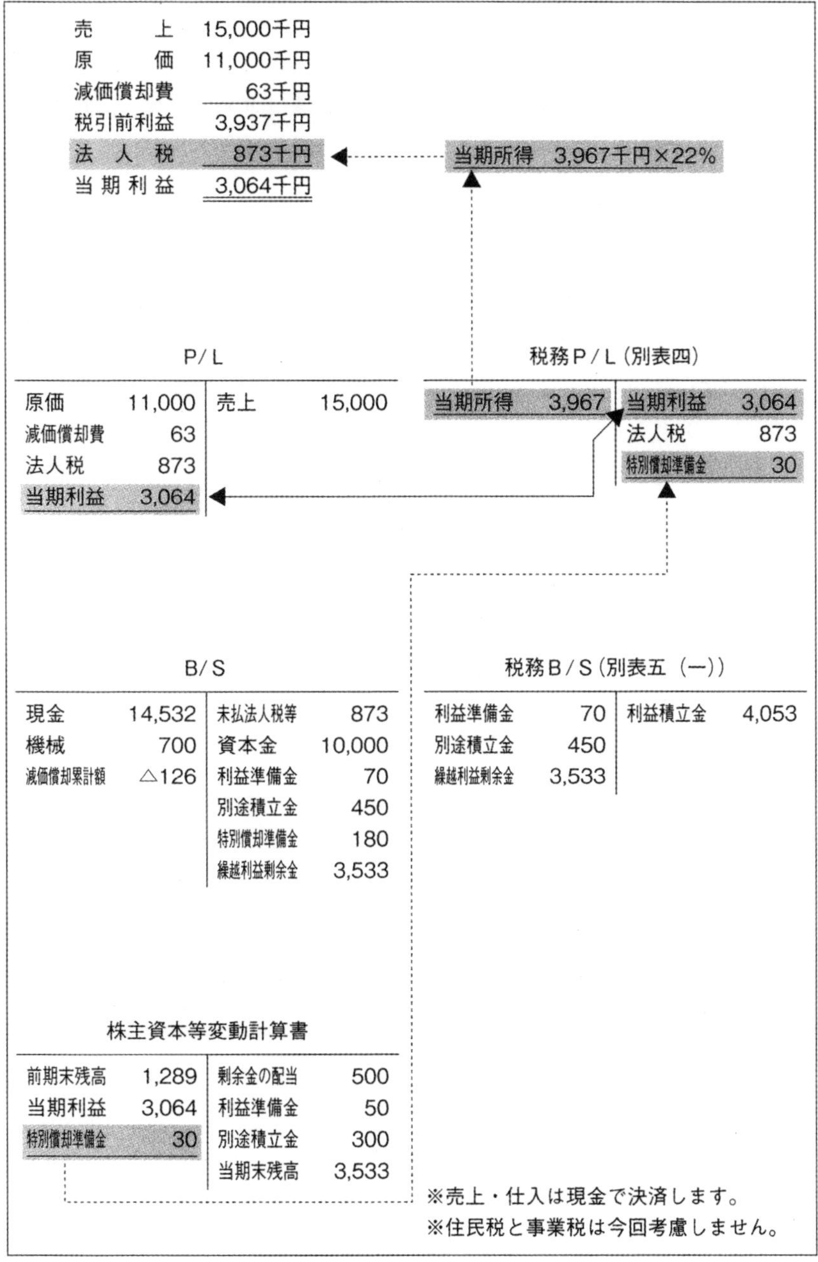

売　　上	15,000千円
原　　価	11,000千円
減価償却費	63千円
税引前利益	3,937千円
法 人 税	873千円
当期利益	3,064千円

当期所得　3,967千円×22%

P/L

原価	11,000	売上	15,000
減価償却費	63		
法人税	873		
当期利益	3,064		

税務P/L（別表四）

当期所得	3,967	当期利益	3,064
		法人税	873
		特別償却準備金	30

B/S

現金	14,532	未払法人税等	873
機械	700	資本金	10,000
減価償却累計額	△126	利益準備金	70
		別途積立金	450
		特別償却準備金	180
		繰越利益剰余金	3,533

税務B/S（別表五（一））

利益準備金	70	利益積立金	4,053
別途積立金	450		
繰越利益剰余金	3,533		

株主資本等変動計算書

前期末残高	1,289	剰余金の配当	500
当期利益	3,064	利益準備金	50
特別償却準備金	30	別途積立金	300
		当期末残高	3,533

※売上・仕入は現金で決済します。

※住民税と事業税は今回考慮しません。

Q77 償却資産の除却損ってなに

Answer Point

♤減価償却資産の使用を終了した場合には、帳簿価額と取壊費用が除却損として経費になります。

♤会計的には特別損失として計上されます。

♠除却損というのは

減価償却資産の耐用年数の見積りが、結果として実際の使用期間と一致すれば、使用終了時には償却計算が終了し、備忘価額の１円だけが帳簿価額として残っていることになります。しかし、現実には耐用年数と実際の使用期間が一致することは希です。

実際の使用可能期間のほうが短い場合には、使用終了時に未償却の帳簿価額が残っています。この未償却残高に取壊費用を加えたものが除却損として計上されます。

実際の使用可能期間のほうが長い場合には、備忘価額のまま使用を続けることになります。この場合には、取壊費用と備忘価額が除却損として計上されます。

♠除却損の会計的性格

除却損は、減価償却計算の基礎として見積もった耐用年数が実際の結果と異なったために、本来ならば使用期間に按分されるべき資産価値の減少が、結果的に配分しきれなかったものです。

したがって、会計的には過去の損益計算の見積差額の累積結果です。このような性質から、期間外損益として特別損失として計上されます。

簡単にいうと、過去の減価償却の償却不足を精算した差額です。

特別損失という言葉は、あまり良いイメージはありませんが、会計の世界では、ある決算期の経営成績を評価するにあたって別扱いすべき損失という意味なので、そのこと自体が良いとか悪いとかいうものではありません。

理屈だけでいえば、計算の基礎となった耐用年数よりも実際の使用期間のほうが長かった場合には、過年度の減価償却費が多すぎたことになりますがこれについて現行の基準は特段の処理を要求していません。

Q78 建物等の除却にあたっての留意点は

Answer Point

♤建物等を取り崩して建て替えた場合にも除却損として計上されます。

♤内装等の建物附属設備の除却は要注意です。

♠建替え時に取り壊した旧建物の取扱いは

使用不能になった資産の除却については、Q77のとおりですが、建物等の建替え時にまだ使用可能な旧建物を取り壊した場合はどのように考えたらよいでしょう。

考え方としては、他の場合と同様に除却損失として計上するほか、新建物の建設のために取り壊したと考えて新建物の取得に要した費用として取得価額に算入するということが考えられます。たしかに、まだ使用できる旧建物を取り壊したということからすれば、新建物を建てることによって、旧建物の残存価値をも回収していく必要があります。同一資産の継続性を重視するならば、このように、残存価値を引き継ぐような考え方もあり得ます。

しかし、取り壊した旧建物の価値によって、新建物の経済的価値が影響を受けるわけではありません。したがって、会計的には旧建物と新建物を異なる別個の資産と考えます。旧建物は取壊しにより滅失したものとして除却損失を認識し、新建物の取得価額には算入しません。

♠建物付属設備の除却は

店舗の改装などの場合には、新規の内装部分について建物附属設備として資産計上しますが、改装により取り壊した旧内装部分について除却が必要となります。これは上で説明したとおりですが、内装などの附属設備については、取り壊した部分と固定資産台帳との照合に苦労する場合があります。

取得時に固定資産台帳に記載する際、できるだけ細分化して計上しておくようにすれば、除却時に適切に処理することができます。

建物を賃借して内装工事をする場合なども建物部分と建物附属部分の区分を明確にしておく必要があります。エアコンなどの配管や電気関係の工事なども改装時に、一部だけ取り壊すことがあり得ますので、建物や建物附属設備に計上する工事については、工事の見積書などの関係書類を保管しておくことが望ましいといえます。

Q79 有姿除却の方法は

Answer Point

♤有姿除却は、帳簿価額のみ減額する帳簿上の処理です。

♤有姿除却が認められるためには、当該資産が使用できない明確な理由が必要です。

♤除却損の価額は、帳簿価額からスクラップ価額を考慮した価格になります。

♠有姿除却というのは

通常有形固定資産の除却は、使用を廃止した固定資産を現実に廃棄することです。しかし、耐用年数が到来していたり、新製品の登場等で使用廃止した、有形固定資産であっても、物理的に現物を処分せずに、帳簿上だけ除却処理をする場合があります。

現物を処分する、しないは別にして、すでに事業の用に供する見込みがない、あるいは現に事業の用に供していない資産を貸借対照表に資産として計上することは、会計上は適切ではありません。このため、現物を処分していなくても、帳簿上除却することを有姿除却といいます。

現物の処分ができないためにこれらの処理を行う理由として、図表140のような理由が考えられます。

【図表143　有姿除却する理由】

有姿除却する理由	
	①　除却に関する費用が多大にかかる。
	②　将来わずかな再利用の可能性が残っている。

特に、将来わずかな再利用の可能性が残っている場合とは、例えば、新製品を利用しているが万が一新製品がトラブルを起こしたときのために、予備でおいておくなんてことは多くあります。

会計上は、すでに事業の用に供していない資産であることから、減価償却も立てず、資産価値も見出せないことから除却するという観点に立っていますが、税法上は、設備等を廃棄しないことは、将来の再利用の可能性があると判断し、税務調査でもトラブルが多く発生しています。

♠税務上認められる有姿除却というのは

上述のように、税法上損失として認められるのは、原則として当該資産は使用されない事実が必要であり、当該固定資産の廃棄等を行う必要がありますが、実際に廃棄を行っていなくても除却を認める図表144の２つの理由に該当する場合は認める通達が示されています。

【図表144　有姿除却が認められる理由】

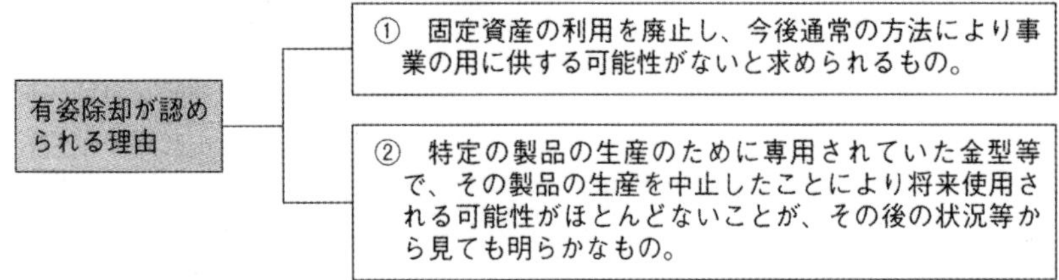

有姿除却が認められる理由
① 固定資産の利用を廃止し、今後通常の方法により事業の用に供する可能性がないと求められるもの。
② 特定の製品の生産のために専用されていた金型等で、その製品の生産を中止したことにより将来使用される可能性がほとんどないことが、その後の状況等から見ても明らかなもの。

今後通常の方法により事業の用に供する可能性のないものとは、実務上客観性を認めることは非常にあいまいで、その事実を明確にすることは不可能ですが、使用中止にいたった理由やその固定資産の状況や内容から客観的に説明できることが必要です。したがって、単に使用を中止している程度では難しいものです。

客観的に説明できる資料として、社内決定の稟議書や、業者に対する通知などは最低限必要と思われます。

また、専用金型については、特定製品の生産のため、その製品の製造が中止されていることが客観的に証明できる必要があります。

新製品や図面の変更等依頼主や最終商品のモデルチェンジ等の資料がある必要があります。

いずれにしても、その資産を物理的に利用できないという客観資料が必要となってきます。このように、法人法上は、そのものの状態よりも事業として使用できるかどうかという点に注目されています。したがって、用途変更等は、除却の対象とはなりません。

♠有姿除却の除却損は

通常の除却の場合は、その除却に要した費用等については、現実に発生していおり、またスクラップ等を行った場合には、その入金額等が確定しているため、除却額を決定することは可能です。

しかし、有姿除却は実際に処分が行われていないため、その損失の額をいくらにするかが問題となります。

このため、通達では、当該資産の帳簿価額からその処分見込価額を控除した価額を除却損として損金の額に算入することができるとするとされています。

すなわち、帳簿価額そのものがすべて除却損として認められるわけではなく、その資産を処分することによるスクラップ収入の見積額を控除した価額となります。スクラップ価額も将来の価額であることから、スクラップ会社等に見積りを入手しておく必要があります。

♠除却に関する費用は

スクラップとして、収益に関しては、除却損から控除の対象になりますが、通常、固定資産を除却する場合は、取壊し等に費用が発生します。通常の除却の場合、これらの費用は、除却損として計上されています。

これに対して、有姿除却の場合、それらの費用は、含まれません。

そもそも除却に関する費用は、その取壊しが行われたときのその作業費であり、その作業が行われることによって発生する経費です。このため、帳簿価額の減額に伴う除却損とは、本来性質の異なるものと考えられています。

しかし、通常の除却の場合は、同一事業年度で両者の処理が行われるため、取壊し費として計上しても、除却損として計上しても、同一年度に関する損金の額には影響ないため、認められている措置です。

有姿除却の場合、当該資産を利用しないため、帳簿上価額を減額したに過ぎず、実際の取壊し作業は発生していません。

したがって、取壊し費用はどれだけ、見積りがあったとしても、取り壊した年度の費用として計上されます。

♠転売に関する収益は

親会社としては当該資産の利用価値はなくなっていたとしても、子会社等で利用できることがわかっており、売却が予定されている場合や売却予定額がある場合、スクラップ収入の場合と同様に売却額を控除するかが問題となります。

通常であれば、その売却予定金額は損失から控除して、使用中止事業年度に除却損を計上することになりそうですが、この場合は、転売できるということは、税法上利用価値があると判断されるため、有姿除却そのものの損失が認められなくなります。

Q80 ソフトウェアの除却の方法は

Answer Point

♤ソフトウエアは性質上３つに区分されており、除却の処理その性質によって異なります。

♤ソフトウエアは目に見えないため、物理的に廃棄処理を確認できないことから有姿除却と同様の処理を行います。

♠ソフトウエアは目に見えない

ソフトウエアとは､コンピュータ等に一定の働きをさせるためのプログラムをいいます。ソフトウエアは、無形固定資産に分類されています。無形固定資産の多くは、利用権や知的所有権からなる権利であり、その権利取得にかかった費用をその利用可能期間で負担するために分割して費用化しているものです。したがって、たとえその利用可能期間内であったとしてもその権利がなくなった場合には、その事実があった事業年度で除却されます。

しかし、ソフトウエアは、物理的に目に見えないという点においては、無形固定資産と同様であることから、固定資産の分類としては、無形固定資産に分類されています。

また、ソフトウエアは、他の有形固定資産と同様に事業の用に供することで、企業は事業展開を行っています。このため、利用状況に応じて、償却される点が他の無形固定資産とは異なる点です。

通常、ソフトウエアの取得は、①外部から購入する。②内部で製作するの２種類があり、外部で購入したものについては、当該取得に要した費用が取得価額とされており、一方で内部で製作したものは、内部でかかった経費を振替することにより取得価額としています。このように、外部から購入したもの以外については、取得自体も内部処理で行われています。

通常固定資産は、その取得形態だけでなく、その資産の種類やその利用状況で分類しています。ソフトウエアも同様であり、法人税法上は、その利用方法に応じて、図表142のように、①受注製作のソフトウエア、②市場販売目的のソフトウエア、③自社利用のソフトウエアの3つの区分をして管理されています。

図表142の①については、いわゆる棚卸資産的な発送で、通常の請負工事

【図表145　ソフトウエアの区分】

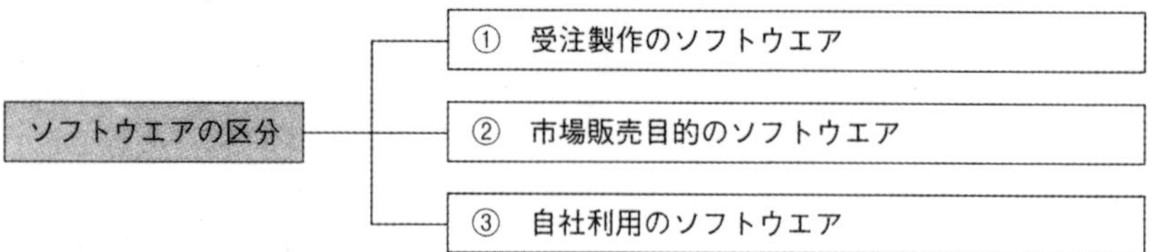

的な発想です。

②については、コピーの原本をつくるまでは、研究開発の一環ですが、一旦完成すれば、当該ソフトをコピーすることでコピーを販売して行きます。いわゆる機械の金型的な働きであり、金型に準じた処理がなされます。

③の自社利用ソフトウエアは、ソフトウエアを利用することで、企業は営業を行っていくといった利用価値としてのソフトウエアになります。

これらの性質の相違により、取得、償却、除却の考え方につながっています。

♠受注製作のソフトウエアの除却は

いわゆる注文生産によるソフトウエアで、開発に関して完成、引渡しを行ったうえで、収益に見合って費用を計上します。このため、開発途上で失敗したものや、当初の予定以上に原価がかかった場合に追加原価が問題となります。

通常は、他の受注工事と同様であり、製作途中の事業年度においては、仕掛品として計上するとともに、当該受注の存在がなくなるか、失敗が判明した事業年度で除却損を計上します。

♠市場販売目的のソフトウエアの除却は

機械メーカーでいうところの金型であり、その金型を利用して収益を計上している間は、減価償却を通じて費用化されます。しかし、その金型を利用して製品を製造しなくなった場合や、新製品が開発されたため、当該金型が不要となった場合には、その事業年度で除却を行います。

なお、金型とことなり、物理的減価は生じないと考えられているため、法定耐用年数は金型より長く設定されています。

♠自社利用のソフトウエアは

自社利用のソフトウエアは、当該ソフトウエアを利用することで、営業活動を行っていることから、有形固定資産同様事業の用に供しているかが問題です。

事業の用に供するとは、当該ソフトウエアを利用していることが前提で、新製品のソフトウエア等が登場したことにより、将来にわたって使用することがないことが明らかになった事業年度で除却損を計上することになります。

なお、ソフトウエアは物理的に除却することができないか、その事実を確認できないため、新製品の利用等明確で客観的に判断できる資料を持って除却となります。

♠ソフトウエアの除却というのは

他の固定資産の場合は、除却したとしても、帳簿上の除却である有姿除却であったとしても、その資産の状況や状態は判断することが可能です。

しかし、ソフトウエアは、もともとその実態が見えないことから、その除却については、明確に判断することは難しいものです。特に、コピーをすることも可能なことから、利用をしていないとしても、パソコン内に保管され、なんらかの動きをしている可能性もあります。このため、物理的な除却、廃棄がない場合でも、図表146の一定の要件のもと今後利用しないことが明らかな場合には、当該事実があった年度に算入することができます。

【図表146　ソフトウエアの除却の要件】

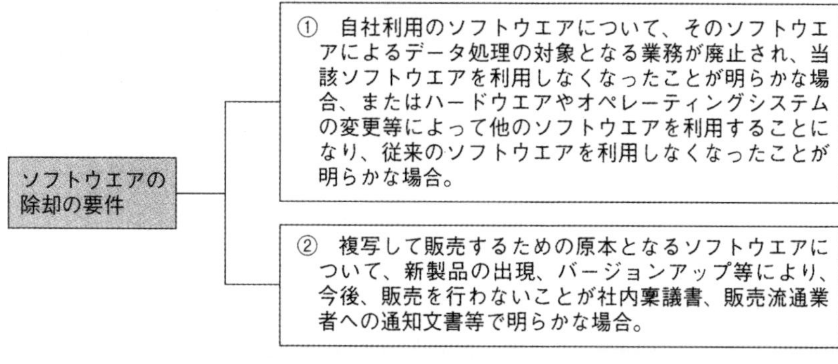

ソフトウエアの除却の要件
① 自社利用のソフトウエアについて、そのソフトウエアによるデータ処理の対象となる業務が廃止され、当該ソフトウエアを利用しなくなったことが明らかな場合、またはハードウエアやオペレーティングシステムの変更等によって他のソフトウエアを利用することになり、従来のソフトウエアを利用しなくなったことが明らかな場合。
② 複写して販売するための原本となるソフトウエアについて、新製品の出現、バージョンアップ等により、今後、販売を行わないことが社内稟議書、販売流通業者への通知文書等で明らかな場合。

図表146の要件は、有形固定資産の有姿除却に準じた扱いとなっており、そのソフトウエアを客観的に利用しないもしくは、利用できないことが明らかな場合には、物理的に廃棄処理が行われていなくても、除却損を認めるというものです。

Q81 総合償却資産の除却価額の扱いは

Answer Point

♤原則は、総合耐用年数を基礎として計算される未償却残高となります。

♤償却額が配賦されている場合と配賦されていない場合に分けて特例があります。

♠総合償却資産の除却価額は未償却残高が原則

総合償却資産の一部について除却等を行った場合の損益計算の基礎となる帳簿価額は、その除却の対象となった資産が含まれていた総合償却資産の総合耐用年数により計算された除却時の未償却残高となります。

ただし、除却の対象となった個々の資産が特別償却、割増償却や増加償却の適用を受けたものである場合には、これらの償却にかかる償却限度額に相当する金額についても償却があったものとして未償却残高を計算しなければなりません。

♠償却額が配賦されていないときは

総合償却資産の一部について除却等があった場合に、その帳簿価額について、法人が継続して、その除却等にかかる個々の資産の個別耐用年数を基礎として計算される除却時の未償却残高に相当する額によっているときは、この方法も認められます。

ただし、原則的方法同様に除却の対象となった個々の資産が特別償却、割増償却や増加償却の適用を受けたものである場合には、これらの償却にかかる償却限度額に相当する金額についても償却があったものとして未償却残高を計算しなければなりません。

♠償却額の配賦がされているときは

法人が各事業年度において、総合償却資産の償却額をそれに含まれる個々の資産に合理的な基準により配賦している場合に、その個々の資産の帳簿価額を除却価額としているときは、この方法が認められます。

なお、総合償却資産の償却費を個々の資産につき、総合耐用年数を基礎として計算される個々の償却限度額に応じて配賦することは、合理的基準に該当するとされています。

Q82 個別償却資産の除却価額の扱いは

Answer Point

♤原則は個々の資産ごとの償却計算による帳簿価額によります。

♤グルーピングによる計算を行っているときは、償却費の配賦の有無により除却価額が決められます。

♠グルーピングでは、減価償却費の配賦の有無で区別

本来、個別償却資産については、減価償却費や未償却残高は個々の資産ごとに計算され、管理されるものです。

しかし、種類や構造・用途等や耐用年数が同一であるものについては、税務上はグループによる減価償却が認められていますので、帳簿価額の管理もグループ単位で行われる場合があります。

このように2つ以上のものを1つの償却計算の単位として減価償却計算を行っており、その一部の資産について除却があった場合、その除却した資産の帳簿価額が問題となりますが、次の(1)(2)の計算方法が定められています。

(1) 償却費の額が個々の資産に合理的に配賦されている場合には、除却等を行った資産の除却時の帳簿価額

(2) 償却費の額が個々の資産に配賦されていない場合には、除却等を行った資産について、法定耐用年数により計算される除却時の未償却残高

♠個別償却資産では除却時の帳簿価額が原則

上記(1)において、グルーピング償却での償却費を個々の資産に合理的に配賦されている場合には、その配賦に基づく帳簿価額を除却資産の除却価額とすることが定められていますが、本来、個別償却資産の場合は、個々に償却計算すべきであり、その結果として正確な帳簿価額を認識することができますので、こちらが原則となります。

なお、合理的に配賦されているとは、償却額を個々の資産の償却限度額による比率によって配分している等をいいます。

♠帳簿価額を個々に管理することが困難なときは

工具器具備品のように大量に保有し、個々の資産ごとに帳簿価額を管理することが困難な場合は、法定耐用年数を基礎とした未償却残高により、除却時の帳簿価額とすることが認められています。

Q83 少額資産等の除却価額の扱いは

Answer Point

♤取得時期や取得価額が不明な少額資産の除却価額は１円です。

♤除却しなかったものの価額から除却価額を決定することも認められます。

♠未償却残高の不明な少額資産の除却価額は１円

少額の減価償却資産等で少額資産の即時償却や一括償却の対象としなかったもののうち、その一部を除却した場合、除却した資産の取得価額や取得した時期が明らかでないため、法定耐用年数により計算する未償却残高が不明な場合には、その除却等による損益計算の基礎となる帳簿価額は1円となります。

♠除却しなかったものの価額から除却価額を決定することは

少額資産の即時償却や一括償却の対象としなかった少額資産のうち、除却した資産と種類、構造または用途及び細目を同じくするものの前事業年度終了時における帳簿価額からその除却にかかる帳簿価額を控除した残額が次により計算した金額を超える場合には、その超える部分の金額をその事業年度の損金として処理している場合には、これも認められます。

$$\frac{\text{当該前事業年度中に取得した少額多量保有資産の取得価額の合計額}}{\text{当該前事業年度中に取得した少額多量保有資産の数量}} \times \text{基準時における少額多量保有資産の数量のうち除却等の対象とならなかった数量}$$

♠個別管理が困難な少額資産の除却価額の簡便計算

法人が、取得価額が少額（約40万円未満）で個別管理が困難な工具等で、種類、構造または用途及び細目、事業年度並びに償却方法の区分ごとの計算が可能で、その除却数量が明らかにされているものについて、その上述の区分を同じくするものごとに一括して減価償却費を計算するとともに、その取得の時期の古いものから順次除却するものとして計算した場合の未償却残高によりその除却価額を計算する方法により継続してその減価償却費及び除却価額を計算している場合には、これも認められます。

Q84 減価償却と節税の基礎は

Answer Point

♤減価償却費によって利益を減少させることが可能です。
♤キャッシュフロー面でも有用な節税が可能です。

♠減価償却費は利益の先送り

法人税法上で損金算入可能となる減価償却費と資産の現実の価値は一致するとは限りません。減価償却費の計上によりある期間の利益が減少し、その後、資産を売却することにより売却益が計上されるケースがありますが、これを税金との関係で考えると利益の一部が先送りされたことになります。

♠設例による検証

第１期の利益が 100 万円であったとします。ここで、即時償却可能な資産を購入して 100 万円の減価償却費を計上したとすると、結果として利益は０円となり税金の支払いは０円となります。法人税の実効税率を 35％とすると 35 万円の税金が節税できたことになります。

第２期にこの資産を 90 万円で売却したとすると、固定資産売却益として 90 万円が計上され、これに対して 31.5 万円の税金を納税します。

ここまでの流れを通算すると、税金が第１期から第２期に先送りされたことになります。第２期が大きな赤字であれば、納税は発生しません。

減価償却を節税の手段として利用することが可能であることがわかりました。

♠キャッシュフローからの検討

税金を減らすことができても手元に資金が残らなければなんにもなりません。単に税金を減らすだけなら、必要のない経費を使うだけで簡単にできます。上の設例をキャッシュフローから検討してみると、第１期は資産の購入によりマイナス 100 万円、第２期の納税が０円とすれば資産の売却代金としてプラス 90 万円通算するとマイナス 10 万円となります。

減価償却を利用した節税をしない場合には税金の支払いが 35 万円必要だったことを考えると、キャッシュフロー面でも 25 万円の資金流出が回避できたことになります。

Q85 減価償却を活用した節税の諸条件は

Answer Point

♤早期に減価償却できる資産を利用する。
♤投下資金の回収という観点から取得する資産を選ぶことが肝要です。

♠早期に減価償却費を計上する

減価償却費によって節税をするためには、早い段階で減価償却による損金を多く計上することが望ましいことになります。そのためには、①定率法の利用、 ②中古資産の利用、③特別償却の利用が有効です。

①の定率法は定額法に比べて耐用年数のうち早い時期に多くの減価償却費が計上されます。②の中古資産は耐用年数が新品の場合よりも短いためこれも早期に多くの減価償却費が計上されます。③の特別償却は多くの場合取得価額の30%を上乗せできますので減価償却費が増加します。

♠投下資金の回収

税金の支払いを減少させることができても、固定資産の取得のために支出した資金が回収できなければあまり意味がありません。取得時の支出と売却時の収入の差が小さいほど効果的で、同額で売却できれば理想的です。

減価償却費を計上することにより損金を計上して、税額を減少させるだけでは、資金は流出したままなので税金の分だけ割安に購入したという意味の限定的な節税です。

投下資金の回収とはどういう意味でしょうか。上述したように理想的には同額で売却できることですが、現実的には無理でしょう。実際には，価値があまり下落しないものを利用することになります。

♠節税の現実的な意味

節税に関しては多くの本や雑誌の記事がありますが、税金だけを純粋に減少させることはできないと考えたほうが現実的です。多くの場合は、利益の先送りをすることによって、今の税金の支払いを減少させようという手法です。キャッシュフロー面もよく検討することが大事です。このことを十分理解した上で節税の手法を考えてください。

Q86 減価償却を利用した節税の注意点は

Answer Point

♤減価償却費は経営指標に与える影響が大きいので注意が必要です。
♤必要な投資を行うのが本当の節税です。

♠減価償却という手法は適正な費用配分が目的

減価償却計算は、機械などの固定資産を取得したときに支出した金額をその利用期間に応じて適切に配分するための手法です。つまり、この配分を行わなければ各決算期の費用が適正なものにならないということになります。

節税という観点も大切ですから、特別償却などを積極的に活用すべきですが、節税という意味で効果があるということは、金額的にそれなりのインパクトがあるということです。減価償却費を利用して効果がある節税ができたときには、その影響額について別途把握しておくことが必要です。

1,000万円で取得した機械について初年度300万円の特別償却を利用した場合には、初年度について300万円の費用増になることは簡単に理解できます。初年度については、その分だけ業績が低く表示されることになるわけです。これについては、通常の減価償却費と区分計上しておけば経営分析など必要な場合に，特別償却の影響を修正することができます。

見落としがちなのが、第2年度以降の償却費が特別償却の影響を受けて本来よりも少なめになっているということです。これによって、見えない利益がすこしずつ計上されていることになります。

減価償却費は製造業などでは、決算内容に影響が大きく、製造設備であれば製造原価の計算に影響を与えてしまいます。

♠利益計画と投資計画の重要性

理想的なタックスマネジメントは、利益の見通しと設備投資計画を両方考慮しながら、必要な投資を利益によって実行していくことです。

不要不急の投資を税金対策として実行することは節税にとらわれすぎです。会社全体として資金の流出を抑えることを考えないと、税金による資金流出だけに着目してしまい、別の形で資金が流出していることに気づかないという危険なことになってしまいます。

Q87 減価償却と節税の事例は

Answer Point

♤中古車の事例を検討してみます。
♤税金を減らすことだけでなく、税金支払後のフリーキャッシュフローの額を総合的に考えます。

♠中古車の事例

節税の事例として中古車がよく解説されていますが、なぜ新車ではなくて中古車なのでしょうか。Q 85 で解説しましたが、減価償却費を多く計上することができ、かつ、購入と売却の差額が小さいという条件にぴったりだからです。

事例で比較してみましょう。利益が十分出ている会社が 300 万円で車両を購入し節税対策とするものとして、新車の場合と 4 年落ちの中古車の場合を検討します。

計算の前提として会社の利益は毎期 300 万円で実効税率を 35％としましょう。

さて、300 万円の新車と同額の中古車では何か違うのでしょう。普通車の法定耐用年数は 6 年ですから 4 年使用後の中古車の耐用年数は 2 年と計算されます (Q 34 中古資産の耐用年数参照)。このことにより、1 年間で損金算入可能な減価償却費が、新車 100 万円、中古車 300 万円と大きく違ってきます。この結果、節税可能な金額も新車 35 万円、中古車 105 万円と差額が生じてきます。

計上した減価償却費の違いは車両の帳簿価額に影響します。中古車の場合は、300 万円が減価償却費として計上されますので車両の帳簿価額は備忘価額 1 円ということになります。車両を売却したときには、売却価額との差額は利益として課税されることになります。

よくある節税解説では、売却時の税金は本業が赤字という想定で考慮されていないことがありますが、本業が赤字なら（青色申告をしていれば）最長 10 年間の繰り越しが可能ですから、長い目で見れば利益として課税される可能性があります。

したがって、購入した事業年度の節税金額だけではなく、売却までを通算して比較すべきです。ここでは、１年後に売却したと考えましょう。新車は１年後に購入価額の７割で売却できたとします。中古車の場合は購入時点で既に新車販売金額よりかなり相場が下がっているはずですから、そこからの１年間では新車の場合ほど値下がりしないと思われます。ここでは、購入時の８割で売却できたとします。

第２年度の税金について考えてみましょう。新車の売却価額は 210 万円ですから、車両売却益として 10 万円が計上されます。一方、中古車の場合は、初年度に備忘価額を除いて償却済みですから車両売却益は、売却価額と同額の 240 万円となります。第２年度も本業では 300 万円の利益があったとすると、新車の場合には 108 万円の納税となり、中古車の場合には 189 万円の納税になります。

これを通算して比較してみると、納付した税金の合計は新車の場合 178 万円、中古車の場合は 189 万円となります。意外と小さな差額と感じませんか。

♠なぜ中古車が事例になるのか

減価償却を使った節税の事例で中古車がよく出てくるのはなぜでしょう。減価償却費も事業のための経費として損金算入されるのですから、会社の事業との関連性かおることが前提です。役員用の高級乗用車であれば業種を問わず自社のケースとしてイメージしやすいからではないでしょうか。

また、中古車市場は長い歴史かおり、中古車相場も成立しており、かつ、実際の売買も安定して行うことが可能であることも大きな要因です。他の償却資産ではなかなかこのような条件がそろったものがありません。

♠なぜ新車のほうが納税合計がすくないのか

税金の件だけではなく、他の要因も検討してみましょう。車両を購入することにより税額は減少しています。新車でも中古車でも節税なしの場合の納税合計 210 万円よりは 178 万円、189 万円と節税効果があったわけです。この結果で、中古車を利用した節税が有効であると判断していいのでしょうか。

ところで、納税合計を比べてみると、新車の場合のほうが少なくなっているのはなぜでしょう。よくある事例のように車両の購入年度のみが黒字で、あとはずっと赤字というのはかなり極端な設定なので、もう少し詳しく検討してみる必要かありそうです。

♠総合的検討

資金の面からみると、節税なしの場合資金の流出は納税資金 210 万円のみであるのに対して、新車の場合 268 万円、中古車の場合 249 万円となっています。節税をした場合に何もしないより資金が多く流出しています。

よく考えてみると、新車でも中古車でも購入金額と同額で売却はできないわけですから、購入金額と売却金額の差は資金流出となるのです。

役員用の高級乗用車は会社の収益に直結するものではありません。節税効果は確かにあるのですが、税金の減少額は車両の売買差額による資金流出を上回ることはありません。　要するに、ここでいう節税とは、乗用車を割安で買えるということなのです。よくある事例のように、今期だけが黒字でその後は赤字が続くことが予想されるなら、たとえ割安で購入することが可能であったとしても役員用の中古外車を購入する社長はいないでしょう。

さらに、4 年落ちの中古車を購入した場合の修理費用や車検の費用、その他維持管理のための支出は考慮されていません。節税効果があるとはいえ、高級車を乗り継ぐことができるのは、ある程度安定した利益を上げることができる会社の社長であることを考えると、現実に節税という観点のみで車を選ぶことは少ないと思います。

♠本当の節税とは

雑誌などでよく例に挙げられている中古外車による節税は、かなり極端な話で、実際には「割安に高級車に乗れますよ、中古なら売買差額も小さいよ」ということに過ぎないのです。

本当に考えるべきなのは節税の金額ではなく、税金支払後のフリーキャッシュフローの額なのです。いくら、税金がゼロでも役員の乗用車を購入して手元キャッシュをゼロにしてしまうのは正しい経営ではないでしょう。

減価償却資産は、本来、事業収益を増加させるために購入するものです。役員用の高級車は、事業に必要なものではありますが、投資の優先順位としては最優先ではないでしょう。減価償却による節税は、製造設備など事業遂行の直接的コストになるものと備品などの必要不可欠なものを、特別償却などの特例を活用しつつ、フリーキャッシュフローをコントロールすることが目的なのです。中小企業が節税をするときには、優遇税率が適用される 800 万円以下の利益をいかにフル活用するかということが最優先です。

現在の利益を将来に繰り延べるということが強調されがちですが、現在の利益を 100％そのまま将来に繰り延べることは簡単ではありません。節税

【図表 147　新車、中古車、節税なしの節税額の比較例】

	新車	中古車	節税なし
取得価額 ①	300 万円	300 万円	0 円
法定耐用年数 定率法償却率 ②	６年 0.334	２年 1	― ―
損金算入限度額 ③＝①×②	100 万円	300 万円	―
初年度節税金額 ④＝③×35%	35 万円	105 万円	0 円
初年度納税金額 ⑤＝(300 万円－③)×35%	70 万円	0 万円	105 万円
初年度流出資金 ⑥＝①＋⑤	370 万円	300 万円	105 万円
第２年度車両売却代金 ⑦	210 万円	240 万円	―
第２年度車両売却益 ⑧＝⑦－(①－③)	10 万円	240 万円	―
第２年度売却益相当分税額 ⑨＝⑧×35%	３万円	84 万円	―
第２年度納税金額 ⑩＝(300 万円＋⑧)×35%	108 万円	189 万円	105 万円
第２年度流入（流出）資金 ⑪＝⑦－⑩	102 万円	51 万円	105 万円
通算流出資金合計 納税合計	268 万円 178 万円	249 万円 189 万円	210 万円 210 万円

計算の仮定：
・毎期 300 万円の利益があるものとする。
・新車は１年後に購入価額７割で売却したものとする。
・中古車は１年後に購入価額の８割で売却したものとする。
・計算上１万円未満の端数は考慮しない。

プランには都合の悪いことが考慮されていないかもしれません。

本来の節税は、税金を減らすことではありません。税制を活用して、必要な投資を計画的に行うことで、利益の計上と手元キャッシュをコントロールすることです。役員用の中古外車より優先して投資すべきものがあるなら、それが最高の節税のはずです。

Q88 減価償却と会社法・金融商品取引法等の関係は

Answer Point

♤減価償却の方法については、会社法、金融商品取引法、法人税法が関係します。

♤実務では、法人税法に基づいて償却計算が行われています。

♠いろいろな法律の考え方と減価償却

会計については、そのあり方をいろいろな法律が規制しています。減価償却に限らず、様々な会計処理についてはこれらの法律に沿った処理が必要となります。

これらの規定の根本には会計学的な理論背景があり、基本的には、同じモノのはずです。ところが、現実には会計的に望ましい処理と税法で認められた処理が違うケースもあります。少し専門的になりますが、会社法に基づいて作成される決算書（これは株主総会の招集通知に入っています）と、金融商品取引法に基づいて作成される決算書（有価証券報告書の中に入っています）は、同じではありません。

これらの違いは、それぞれの法律の目的の違いから来ています。

会社法は、その会社の現在の株主、債権者の権利を保護することを目的としています。金融証券取引法は、証券市場で株式や債券を売り買いする投資家の保護を目的としています。また、法人税法は、公正な納税を目的としており、政策の実現のための道具という側面もあります。

会社法の計算規則では、減価償却について具体的な計算方法は指示していません。単に、相当の償却をしなければならないとあるだけで具体的な計算の手続については規定がないのです。

つまり、会計的に妥当で、法人税法でも認められる方法であれば、会社法上問題はない、ということになります。法人税法における減価償却方法は具体的に計算方法が示されていますし、現実にほとんどの会社が法人税法に基づいた償却計算を行っています。

ここで注意が必要なのですが、先に述べたように、法人税法には政策の実現という側面があるということです。例えば、特別償却などは会計的な実態を反映して特別な償却計算をするのではなく、中小企業の設備投資をなんとか促進したいという政策目標があって、そのために、設備投資をしたときに税金の計算で有利な取扱いになるようにして、政策目標にあうような行動を促進するわけです。

♠事実上、減価償却計算を規定しているのは法人税法である

これまでに説明したように、減価償却計算にはいろいろな法律が関係しています。しかし、耐用年数など具体的な計算基準を示しているのは法人税法だけです。理屈だけを考えると、法人税法で予定している耐用年数が、現実の使用可能期間に一致する保証はどこにもありません。

しかし、そもそも使用可能期間は将来のことですから、予想するほかありません。したがって、会社の計画で使用期間が決定されている場合以外は、税法上の耐用年数が正しいかどうか誰にもわからないということになります。

現実には、税法上の耐用年数を使って減価償却計算をしておけば、その理論的妥当性はともかく、他の一般的な会社と同じ条件で計算していることになりますので、金融商品取引法や会社法においても問題はない、というところです。

ただし、正確にいうと法人税法が規定しているのは、減価償却計算の方法ではなく、計算の結果算出された減価償却費が会社の経費として認められる限度額ですので、この限度額を減価償却費として計上している場合には、会社法でも金融商品取引法でも問題はないということです。

♠特別償却が使えなくなる？

耐用年数が法人税法で規定しているよりも短いケースでは、会計上の減価償却費のほうが法人税法で認められる限度額より大きくなりますので、その限度額を超える部分について、法人税の申告時に調整計算をします。

ところが、特別償却のときにはこの減価償却費の大小関係が逆になりますので、法人税の申告で調整することができません。これは、法人税法が認めていないからです。

金融商品取引法が適用されるような大きな会社については、特別償却が使えなくてもあまり問題はないということかもしれませんが、最近の上場会社は規模的に小さな会社も増えてきており、アメリカのように申告減算も可能なようになれば、政策ツールとしての投資の促進もさらに効果的になると思います。

Q89 売上減価の中で償却費がもつ意味は

Answer Point

♤減価償却の自己金融効果という言葉に注意しましょう
♤固定資産に投下した資金を回収するのは売上です。
♤売上原価の中で減価償却はどんな意味を持っているかは重要です。

♠減価償却の自己金融効果

減価償却の効果として、自己金融効果ということが会計の教科書などに書いてあります。これの意味するところは、減価償却費は現金の支出を伴わない費用なので、その分だけ企業内に資金が留保されるということです。

しかし、減価償却をしたからといってお金が入ってくるわけではないことは明らかです。会計理論上は、自己金融という経済的効果が認められるという結果を分析しているのであって、減価償却をして資金調達ができるといっているわけではありません。

会計の実務に携わっている皆さんにとって、会計の理論をじっくりと勉強する時間はなかなかとれないと思います。そんな中でも時間をつくって、学者の先生のしっかりした本を読んでみてください。そのうえで、実際の仕事に向き合ってみると新しい発見があると思います。

自己金融効果に話を戻すと、現実には売上の入金があってはじめて資金が留保されることを思い出してください。いくら減価償却をしても資金がどこからも入ってこなければ、お金が貯まる道理がありません。

♠売上があってこその効果

減価償却の経済的効果として、固定資産の流動化とか固定資本の流動化ということもいわれています。これは、固定資産に投下した資金が減価償却費を通じて売上原価として収益に対応した形で回収されるという意味です。

これも、自己金融効果と同じで、会計について中途半端に知っている程度では間違って理解をしてしまう言葉です。皆さんは、実際の仕事の道具として会計を生かすことを考えていく必要があります。

仕事の順序としては、売上という収益があって、その中から、自己金融効果とか資本の流動化効果が得られるということです。決して、減価償却のみでこれらの効果があると勘違いしないでください。

♠売上原価の一部としての減価償却

自己金融効果とか資本の流動化効果などの言葉を断片的にとらえてしまうと、減価償却が早く進むほど、償却費が多いほど、企業にとっていい結果をもたらすような錯覚に陥ってしまいます。

このこと自体は間違いではありませんが、売上によって収益が上がり、資金が流入するという大前提があることを忘れないでください。

このような視点から減価償却について考えてみると、売上原価の中で減価償却費がどんな意味をもっているかが重要になってきます。原価の内訳として減価償却費は大きな割合を占めているのか、将来的な趨勢として、その割合は大きくなるのか、小さくなるのか、このようなことを、工場、営業、開発などのいろんな部門の人たちが意識することが必要です。

そのための、情報提供をするのが経理の役割であり、固定資産に関しては特に大事なことです。

♠タックスシールドというのは

減価償却費に関するタックスシールドとは、減価償却費を計上することで法人税の支払額が減少することです。法人税法の損金算入限度額以内であれば、減価償却費を計上すれば課税される利益が減りますので、当然税金は少なくなります。

当たり前のことのようですが、設備を購入するかどうかの試算をするときには、これを忘れてしまうと正しい判断材料を提供することができなくなってしまいます。

例として、償却前利益30万円、償却費10万円、税率40%とすると

減価償却費考慮前の税引後利益は

300,000円　—　(300,000円×0.4)　=　180,000円　①

減価償却費考慮後の税引後利益は

300,000円　—　100,000円　=　200,000円　税引前利益

200,000円　—　(200,000円×0.4)　=　120,000円　②

①180,000円と②120,000円との差額は　60,000円です。

減価償却費100,000円との差額40,000円をタックスシールドと呼びます。

Q90 有形固定資産と減価償却累計額の表示は

Answer Point

♤総勘定元帳への記載方法には直接法と間接法があります。

♤貸借対照表の原則的表示方法は科目別控除方式です。

♠総勘定元帳への記載方法は

有形固定資産の減価償却に関する総勘定元帳での記載方法として、直接法と間接法があります。

直接法とは、毎期の減価償却費を当該資産勘定から直接控除する方法です。

（借）減価償却費　×××　（貸）有形固定資産（建物等）×××

また、間接法とは、毎期の減価償却費を当該資産勘定から直接控除するのではなく、減価償却累計額勘定を設けて、その貸方に記載する方法です。

（借）減価償却費　×××　（貸）減価償却累計額　×××

減価償却累計額は、有形固定資産の評価勘定であり、これを取得価額から控除することで未償却残高を表します。

♠貸借対照表での表示方法は

有形固定資産の勘定処理を直接法または間接法によるかにかかわらず、貸借対照表での両者の表示は、原則として科目別控除方式によりますが、例外的には一括控除方式、科目別注記方式、一括注記方式が定められています。

【図表148　貸借対照表の４つの表示方法】

表示方法	内容
①　科目別控除方式	有形固定資産の科目ごとに減価償却累計額を控除する形式で表示する方式
②　一括控除方式	減価償却累計額を有形固定資産全体に対する控除項目として一括して表示する方式
③　科目別注記方式	有形固定資産の各科目ごとに減価償却累計額を控除した後の残高を記載し、各資産の科目別に減価償却累計額を注記する方式
④　一括注記方式	有形固定資産の各科目ごとに減価償却累計額を控除した後の残高を記載し、一括して減価償却累計額を注記する方式

なお、無形固定資産の総勘定元帳への記載方法は直接法により、貸借対照表での表示方法は未償却残高のみを記載します。

Q91 減価償却と税効果会計の関係は

Answer Point

♤会計で計上される減価償却費は税法上の限度額と一致するとは限らないため、会計と税務に差違が生ずる可能性があります。
♤税務上の償却超過額は税効果会計の対象となる一時差違に該当します。
♤一括償却資産も税効果会計の対象となる場合があります。

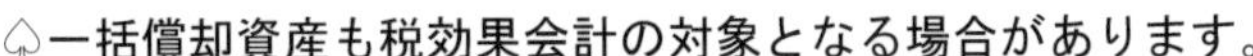

♠減価償却費は法人税法の損金算入限度額と一致するとは限らない

「減価償却は固定資産の適正な原価配分を行うことにより、損益計算を適正ならしめることを主たる目的とするものであることから、合理的に決定された一定の方式に従い、毎期計画的、規則的に実施されなければならない」

企業会計上正規の減価償却と呼ばれる減価償却の方法です。この方法によって計算され計上された減価償却費は、法人税法の損金算入限度額と一致するとは限りません。

♠会計上の減価償却費が法人税法上の損金算入限度額を超える場合

20,000 千円で取得した機械について、6,000 千円の減価償却費を計上したとします。法人税法上の損金算入限度額は、5,000 千円とします。損金算入限度超過となる金額については申告調整しているものとします。この場合の税効果会計を考えてみます。実効税率は簡便的に 40%とします。

損金算入限度超過額の 1,000 千円は税効果会計の対象となる一時差違に該当するでしょうか。

減価償却の累計額は取得価額から残存価額を控除した金額ですから、減価償却がすべて完了する将来時点では、税務上と会計上の減価償却費の累計額は一致します。減価償却の計算は原価の配分にすぎませんから、総額が一致するのは当然のことです。

すなわち、税務申告で加算された差違の金額は将来のどこかの時点で減算される一時差違ということになります。

したがって、別表四で加算された損金算入限度超過額 1,000 千円に実効税率 40%を乗じた金額を繰延税金資産として計上します。

<仕訳>

（借）繰延税金資産　400千円　／（貸）法人税等調整額　400千円

繰延税金資産の回収可能性に問題がなければ、この仕訳をして法人税額の調整を行い、別表四で同額400千円を減算調整します。

♠会計上の減価償却費が法人税法上の損金算入限度額を下回る場合

会計上の減価償却費が法人税法上の損金算入限度額を下回る場合はどうなるでしょうか。

損金算入限度額不足額として税務減算調整ができれば、繰延前金負債を計上することになりますが、法人税法は減価償却費については損金経理要件を定めていますので、会計で計上された金額がそのまま税務上の損金算入額となり、一時差違は発生しません。したがって、税効果も認識されないことになります。

♠一括償却資産と税効果会計

会計上の固定資産計上基準が20万円以上の場合、税務上の一括償却資産についても取得時に全額費用として処理する場合があります。税務申告では損金算入限度額である1／3を超える残り2年分について加算調整をすることになります。

このときの税効果会計についてはどう考えるべきでしょうか。

確かに、前に説明したとおり、会計上の減価償却費が税務上の減価償却費を上回っていますので、税効果会計の対象となる一時差違が生じています。

しかし、実際に税効果会計を適用するかどうかは、金額的な重要性も考慮して決定します。一括償却資産として取得した資産の総額が大きい場合には税効果会計を適用し、法人税額の調整を行うことになります。

ただ、一括償却資産の総額が小さい場合には、法人税の額に与える影響も小さいため重要性の観点から税効果に関する仕訳を省略する場合があります。

税効果会計の目的は、会計上の利益と法人税額の期間的な対応関係を適正に表示することにありますので、会計上の利益から計算される税額と法人税法上の課税所得から計算される税額に大きな差違がなければ、税効果会計の処理を省略することもあります。一括償却資産の場合にも、費用処理した金額が少額なら税務加算調整のみで税効果を無視することもあります。

反対に、一括償却資産の数が多く、金額的にも重要な場合には、繰延税金資産を計上し、1年以内に損金算入される金額と残りの部分とに区分して、前者を流動資産として、後者を固定資産として区分して処理することになります。

Q92 償却限度超過額についての税効果会計の処理は

Answer Point

♤税効果会計とは、税引前利益と税金との対応関係を適切にするために、税金を期間配分する会計処理の方法のことです。

♤減価償却の限度超過額が生じた年度は税金の前払いがあったものとして繰延税金資産が計上されます。

♠税効果会計というのは

税金は、利益に税率を掛けることによって算出されます。しかし、この計算は会計上の利益に税法で必要になる調整計算を加えて税法上の利益（これを課税所得といいます）を計算し、これに税率を掛けるという手順で行われます。

したがって、会計上の利益と税法上の利益に差異が生じます。これを会計上の利益を基準として考えると（この立場が重要です）利益に税率を掛けて計算される会計上あるべき税金と実際の税金との間に差額が生じます。

この差額について税金の前払い・後払いとして会計処理することにより、会計上の利益と税金の期間対応をはかる処理が税効果会計です。

なお、正確な定義によると会計と課税所得の計算それぞれの資産・負債に係る差異についての税額ということになるのですが、実務上は、税金の前払い・後払いと理解してください。

♠税効果会計の勘定科目

税金の前払いが生じたときは「繰延税金資産」、後払いが生じたときは「繰延税金負債」という勘定科目を使って貸借対照表に計上します。相手勘定としては「法人税等調整額」という損益計算書科目を使います。

実務では、税金の前払いである「繰延税金資産」について知っておくことが大事です。基本としては、法人税の計算過程で加算したときには税金の前払いと考えて「繰延税金資産」を計上し、認容減算したときにこれを取り崩すと考えてください。

注意が必要なのは、交際費などの調整項目が税効果会計の対象となるとは限らないことです。「繰延税金資産」、「繰延税金負債」に該当するものは次

♠繰延税金資産となるものは

税効果会計の対象となる加算項目は、将来認容減算の結果解消されるものです。加算したときに（会計上の利益を基準とすれば）税金が過大になるので、その分だけ前払いが生じたと考え、認容減算したときに前払いを取り崩したと考えます。このようなことから、税効果会計の対象となる差異を一時差異といいます。

これに対して、会計と税務の差異がずっと解消しないものがあります。典型的なものが交際費加算です。これは、あきらかに会計と税務の利益の差を構成しますが、認容減算されるものではありませんので、これによって生じた差異は永久に解消されません。

したがって、税金の前払いと考えることができないので税効果会計の対象とはなりません。このような差異を永久差異といいます。

なお、納税充当金も加算項目ですが、これは税引前に戻すだけの計算手続に過ぎないので対象外です。

♠減価償却超過額との関係は

それでは、減価償却費の損金算入限度超過額が生じた場合の税効果をみていきます。

第１期　税引前利益 1,000 万円、償却限度超過額100万円（今期発生）

法定実効税率を仮に40％とすれば、会計的には税引前利益1,000万円に対してあるべき税金は400万円になります。一方、法人税の計算では償却限度超過額100万円を加算調整した1,100万円に対して税金が課税されますので、実際の税金は440万円となります。

会計上あるべき税金400万円を基準とすると、40万円税金を多く支払ったことになります。これは、償却限度超過額100万円についての税額分と考えることができます。（100万円　×　40％）

この40万円について税金の前払いと考えて

（借）繰延税金資産　40万円　　　（貸）法人税等調整額　40万円

という処理を行います。

この償却限度額について、翌期に50万円認容減算したとすると

第２期　税引前利益　800万円　法定実効税率は同じく40％

会計的にあるべき税金　　800万円　×　40％　＝　320万円

実際の税金　(800万円—50万円) ×　40%　=　300万円

この差は、認容減算額50万円についての税額分です (40%)。
この差額20万円を前期計上した繰延税金資産の取崩しと考えて

(借) 法人税等調整額　20万円　(貸) 繰延税金資産　20万円

という処理を行います。繰延税金資産の残額30万円については、翌期以降認容減算とともに取り崩されていきます。

これを、税引前利益と税額との対応関係として見直すと、図表146のようになります。

【図表 149　税引前利益と税額の対応関係】

第１期	税引前利益	1,000万円	①
	税額		
	納税した税額	440万円	
	前払いとして繰り延べた税額	40万円	
	差引税額	400万円	②
税引前利益と税額の比率は、40%となります。			
第２期	税引前利益	800万円	①
	税額		
	納税した税額	300万円	
	前払いから取り崩した税額	20万円	
	差引税額	320万円	②
税引前利益と税額の比率は、40%となります。			

このように、実際の税額ではなく、前払い・後払い及びその取崩しを加味すると、税引前利益との比率は実効税率に一致します。

現実には、この他に交際費や住民税均等割など税効果会計の対象にならない項目がありますので、計算通り税率は一致しません。

上場企業が作成している有価証券報告書などには、税効果会計適用後の実効税率と法定実効税率との間に乖離がある場合にはその原因が記載されています。項目としては、交際費等永久に損金に算入されない項目、受取配当金等永久に益金に算入されない項目、住民税均等割などの記載事例があります。

中小企業の場合には、注記により税効果関係の情報を開示することに関して、法的に強制されているわけではありません。しかし、最近は中小企業であっても財務情報の開示について無関心ではいられません。このような注記事項も今後積極的に記載していくことが評価されていくと思います。

Q93 建設仮勘定についての注意点は

Answer Point

♤建設仮勘定として、取得のための支出はあるものの未だ完成検収までに至らない途中段階にある資産を計上しておきます。完成したものから順次本来の勘定科目に振り替えます。

♤減価償却の計算は、完成して事業のために使用したときから開始します。

♠建設仮勘定というのは

建設仮勘定とは、建物や機械設備、ソフトウエアなど、注文から完成までに長期間を要する固定資産を購入するときに、完成までの間に支払いがなされた場合にこの支出について仮に集計するための勘定科目です。

したがって、完成して検収を終え事業のために使用を開始したときには、本来の勘定科目に振替えて固定資産として減価償却計算が始まります。

♠価値のなくなったものが含まれていないかを注意する

ソフトウエアなどの場合に特に注意が必要ですが、仕様変更などの理由で過去に支払いをしたものの価値がなくなることもあります。このような場合には、本勘定に振り替えずに直接損失処理をすることも検討すべきです。

建設仮勘定は、仮払的な性格の勘定科目ですから、通常の仕事の流れの中ではあまり注目されず、管理がおろそかになる場合があります。

したがって、最低限決算のときには、前期の明細と比較して、前期から繰り越されているもの、当期中に発生したもの、当期中に完成し本勘定に振り替えたもの、次期に繰り越すべきものをチェックしてください。

♠建設仮勘定から直接損失処理するときの注意点

建設仮勘定の中に価値のなくなったものが含まれていた場合、損失として処理する必要が生じますが、通常の固定資産とは異なり、廃棄するような現物がないときもあります。

このような場合には、損失が発生した事実を記録として残しておくことが重要になります。1つには、税法上損金として処理できるような事実関係を示すため、もう1つは、このような損失計上を安易に許してしまうと、不正の温床となる可能性があるためです。一度会社から支払いがなされたものについて、いわばなかったことにするわけですから内部的にしっかりとした手続を踏む必要があります。

通常の固定資産の場合も理屈は同じですが、この場合には、現実にモノが存在するため、壊れているとか、機能がおかしくなっているなど、廃棄してしまう理由も確認しやすいため、事実確認が困難ということはあまりないと思われます。

また、廃棄そのものについても、廃棄業者に依頼するなどの実際の行動がありますので、そのときの書類などを保存しておけば、廃棄の事実と何月何日という時期が明らかになります。建設仮勘定からの損失処理時には、このような実物がある場合の手続を考えながら、記録を残しておいてください。

♠建設仮勘定と減価償却の関係は

建設仮勘定から本勘定への振替は、事業のために使い始めたときですが、会社が大きくなり、事業所が増えてくると、本勘定への振替のための完成の事実確認が決算のときだけ、というケースも出てきます。

このときに注意が必要になるのが、減価償却の開始時期です。建設仮勘定にある間は償却の対象になりませんので、減価償却を行うために、いつ検収が行われて使用開始されたのかを確認する必要があります。

また、期末に建設仮勘定から本勘定に一括して振り替えてしまうと、期中の減価償却費が過少になってしまいます。

♠減価償却計算の影響は

減価償却計算は、取得原価や耐用年数に応じた償却率、計算開始時期など計算要素が決定されると、現実の計算はコンピュータで自動的に処理することになります。

したがって、計算内容の適否に関してチェックが行われにくいという面があります。また、償却計算の対象となる資産は金額的に重要なものも多く、償却費の計算は長期にわたって継続していきます。

償却計算の開始時点で、その内容についてしっかりチェックをしておかないと、比較的大きな金額について長期間にわたって誤った処理が続いてしまう可能性があり、しかも、誤った処理がされていることについて気がつきにくいということを理解しておいてください。

Q94 減損処理後の減価償却計算は

Answer Point

♤減損処理した固定資産については、会計と税務で別の管理が必要です。

♤減損処理後の耐用年数は、見直しを検討すべきでしょう。

♠固定資産の減損というのは

固定資産の減損とは、資産の収益性の低下により投資額の回収が見込めなくなった状態であり、減損処理とは、そのような場合に、一定の条件の下で回収可能性を反映させるように帳簿価額を減額する会計処理です。

これは、時価が帳簿価額を下回った場合にその差額を損失として認識するものではなく、将来の収益をもって回収できる見込がなくなった投資額を損失とするものです。

企業が機械装置のような固定資産を購入するのは、保有することそのものが目的ではなく、また、多くの場合、値上がりによる利益を期待しているわけでもありません。

購入した設備で製品の製造を行い、これを販売することを通じて利益を得ることが目的で設備を導入するわけです。

要するに、設備に資金を投下することによって、将来にわたってキャッシュフローを獲得し、投下した資金を回収した上で利益を上げることが目的になるのです。

♠固定資産の価値の低下を帳簿上の価額に反映させるために減損処理を行う

これが、最初に設備を導入したときと同じ前提条件やビジネス環境で継続して活動できれば、当初の思惑どおり、投下資本を回収して、利益を上げることができるでしょう。

しかし、様々な要因で計画どおりに事業が進まず、予定した収益が得られなくなる場合もあります。

そんな場合には、その設備から得られるはずのキャッシュフローが減少することになります。

このキャッシュフロー減少分が利益の減少だけではなく投下資本の回収分

にまで及んだときには、その固定資産の帳簿上の価額を回収できなくなったことを意味します。

このような場合に、その固定資産の価値の低下を帳簿上の価額に反映させるために減損処理が行われます。

減損会計を適用して、このような固定資産の価値の減少を認識しなければ損失を先送りする結果となり、企業の経営という観点でみると判断を誤ることにもなりかねません。

なお、減損会計は時価会計のように評価益は認識しません。これは、上で説明したようにもともと転売目的ではありませんので、製造設備について将来キャッシュフローの増加を理由に価値が増加したとは考えないということです。

♠減損処理後の固定資産の管理は

減損処理は固定資産の帳簿価額を減少させ、以降の減価償却計算にも影響を与えます。一方で、法人税法では減損という考え方はありません。

似たような税務上の処理として陳腐化償却がありますが、こちらは残存耐用年数の短縮という考え方であり、減損処理と必ずしも同時に適用されるものではありません。

したがって、減損処理の対象となった固定資産については、会計上の償却計算と税務上の償却計算を別個に行い、差額については申告調整をすることになります。

♠減損処理後の耐用年数は

固定資産について減損処理をすることと、残存耐用年数を見直すことはイコールではありません。将来キャッシュフローの見積りは減少しても、残りの使用可能年数は変わらないという場合もあり得るからです。

しかし、通常のケースであれば減損損失を計上するほど状況が変化し、収益性の低下という事実があれば、残存耐用年数の見直しを行う必要はあると思われます。

減損を認識する必要が生じていれば、税法の予定する耐用年数と実際の耐用年数に乖離が生じていることも多いと思われますので、減損後の残存耐用年数については、見直しの検討をすべきでしょう。

Q95 連結決算上調整すべき減価償却費は

Answer Point

♤固定資産の取得価額に未実現利益が含まれていることがあります。

♤各会社の個別決算では連結上過大な減価償却費が計上されていることになりますので、これを修正します。

♠未実現利益が含まれている取得価額と減価償却の修正は

連結グループに属する会社間で固定資産を転売した場合には、連結決算では計上すべきではない利益が発生し、これを修正します。

さらに、固定資産のほうに着目すると、購入した会社はこの利益分だけ取得原価が大きくなっています。前項の終わりのところで、修正仕訳をして固定資産の価額を修正しているのはこういう理由です。

さて、固定資産の取得価額を調整しただけでは本来あるべき決算結果と異なる結果になってしまうことにお気づきでしょうか。

減価償却は、個別の会社の決算手続の中で計算されていますので、購入した会社の償却計算は、未実現の利益を含んだ（連結ベースでは過大な）取得価額を基礎として行われています。したがって、計算の結果である減価償却費も過大になってしまっています。連結では、この部分の減価償却費についても修正が必要になってきます。

つまり、固定資産の未実現利益は売却が行われた年度だけではなく、償却計算が行われる耐用年数の期間すべてにわたって連結修正が必要になっていきます。このための事務量も大変なものになってきます。

したがって、連結の作業だけを考えれば、グループ間の固定資産売却の際には簿価で売却することが簡便のなのですが、一方で個別の会社ごとに業績評価や納税のための利益計算をしますので、固定資産売却においても適正な利益を確保したいという要請があるのも事実です。

これらを両立させるためには、グループ間転売の際には利益率を一定に決めておくといった方法もあります。

例えば、連結グループ間の固定資産売買については利益率を10%と決めておけば、売却時の未実現利益の調整やその後の減価償却費の調整などは機械的に計算することができます。

♠設例でみてみると

設例でみてみましょう（図表150）。

親会社が子会社に簿価150万円の金型を200万円で売却した。

子会社はこの金型について耐用年数２年の定額法により償却計算をした。

【図表150　各社の処理】

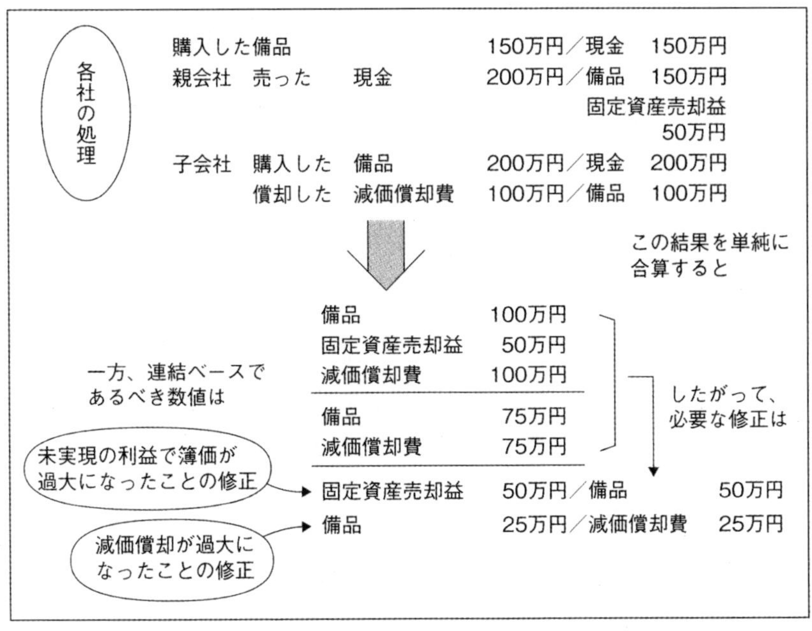

売却時点では、金型の売却益50万円が計上されています。これは、親会社単独でみれば正しい処理ですが、連結グループとして考えた場合には、単に子会社に移動しただけで利益の発生する余地はありません。

したがって、利益の50万円を取り消して、金型の簿価をもとの150万円に戻すことになります。棚卸資産などの場合には、ここまでの処理でよいのですが、この場合は、さらに減価償却計算の修正が必要になってきます。

つまり、子会社では親会社の計上した利益を含んだ金額で減価償却計算をしているため、減価償却費も過大になっているからです。

その修正が25万円の減価償却費の戻しの仕訳の意味です。ここでは２年間ですが、償却期間にわたってこの修正はずっと必要です。実務上はその管理に多大な手間がかかります。

Q96 連結納税と減価償却の関係は

Answer Point

♤連結納税とは、企業グループ全体で連結親法人が申告納税をする制度です。

♤各所得の計算は各社で行うため、減価償却計算についても各社で行うことになります。

♤連結グループ間で減価償却資産を売買した場合には、当該資産の時価で売買したものとみなされ、その譲渡損益については、連結グループ外部に売却するまで、調整することになります。

♠連結納税というのは

連結納税とは、企業グループのうち図表148の要件に該当する会社については、連結親法人が申告及び納付を行い、個々の連結子法人は連結親法人との間で単体法人に帰属する法人税額を精算する申告納税方式です。

なお、この制度の適用に当っては、国税庁長官の承認を受ける必要があります。

♠連結納税の適用要件は

連結納税の適用要件は、図表151のとおりです。

【図表151　連結納税の適用要件】

連結納税の適用要件	
	①　国内に存在する内国法人であること
	②　親会社の持分比率が間接的に株式を保有する場合を含め100%であること
	③　事業年度開始前6か月前に国税庁長官の承認があること

♠連結納税における申告税額の計算は

連結納税制度においては、連結グループ会社各社において、所得の計算をし、その所得金額を合計して連結所得の計算をします。

次に、その連結所得に連結親会社の税率を乗じた金額から各種控除を行い納税額を決定します。

この計算により算出された税額を連結グループ各社に合理的に配分します。

♠減価償却の計算は

法人税に申告所得を計算するに当たって、固定資産の減価償却費の損金計上における規定は、大きく分けると図表152の３つになります。

【図表152　減価償却費の損金計上規定】

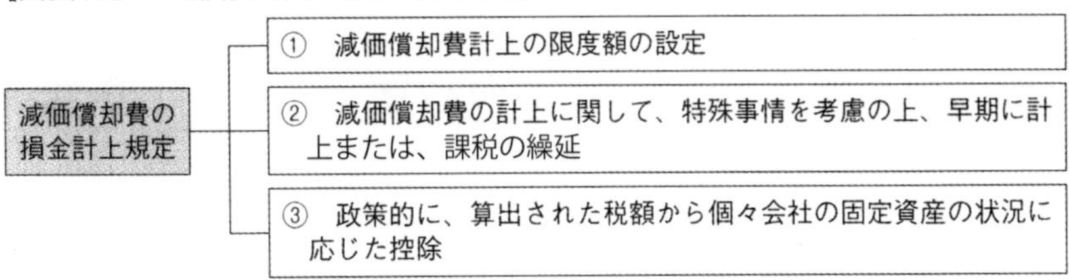
減価償却費の損金計上規定
①　減価償却費計上の限度額の設定
②　減価償却費の計上に関して、特殊事情を考慮の上、早期に計上または、課税の繰延
③　政策的に、算出された税額から個々会社の固定資産の状況に応じた控除

①、②に該当するものとして、通常の減価償却費の計上、特別償却、準備金、圧縮記帳等が当てはまりますが、これらの計算は個々の会社において計算されるべきであり、各法人の所得を計算する際に確定した決算はおいて損金経理した金額が計算されます。

すなわち、単体決算において各法人の所得計算において、それぞれの限度額まで計算されることとなり、連結納税制度を適用する場合においても、各連結法人が個別に計算されることが前提となっています。

したがって、連結財務諸表作成時のように連結グループの会計処理を統一する必要はなく、連結グループ内の会社ごとに減価償却の処理方法が異なっていても問題ありません。

♠連結納税における特殊処理は

特別税額控除の計算自体は、個々の連結法人で行いますが、税額控除の限度額の計算については、連結グループ全体で行われることになります。

このため、たとえば、控除限度額が法人税額の20％までというような規定の場合は、連結納税における法人税額の20％となります。

♠連結グループ間の資産の譲渡は

連結グループ内で減価償却資産の譲渡を行った場合には、双方の契約売買価額ではなく、当該資産の時価で売買したものとして扱われます。

そのため、売手側の法人においては、譲渡損益を繰延、買手側の法人においては、時価による取得価額を基礎として、減価償却費の計算を行うことになります。

なお、繰り延べられた譲渡損益については、減価償却費の差額の分だけを当該事業年度の損益に調整を行い、連結グループ外に売却した場合には、その事業年度を持って、精算することになります。

Q97 企業組織再編税制と減価償却の関係は

Answer Point

♤企業組織再編において、資産の譲渡は原則時価で行います。

♤一定の要件を満たせば、「適格」組織再編として、簿価での資産譲渡が認められます。

♠組織再編税制の適用は

合併、会社分割などの企業組織再編における法人税法の原則は、その資産の譲渡に関して時価で課税することが原則です。しかし、企業組織再編に対して、すべて時価で課税した場合、多くの企業組織再編において多額の税金を負担することになり、企業組織再編自体の目的を薄めてしまう可能性もあります。

企業組織再編では、一方の会社から資産等がもう一方の会社に移りその対価として、株式の交付がなされることであり、税務面では、両者ともプラスマイナスはあったとしても、経済実態として、実質的に変更がない場合においては、課税関係を継続させることが、税法上適正と考えられます。

すなわち、ある会社が、その一事業部門を独立させて、別法人を設立したとしても、分割された法人と分割後の法人の企業グループを合算すれば、結果として、分割行為を実施する前と変わらないのであれば、税法上の課税関係に影響をさせる必要がなく、もし、この分割に対して、時価で課税を行えば、分割行為を行うことで、企業グループとしての企業の課税は重くなり、税法によって適切な経済活動を行うことを阻害することにもなりかねません。

このため、法人税法において、企業組織再編に対して時価が原則としつつも、「移転される資産に対する支配継続」が認められる場合など、一定の要件においては、「適格」として、移転資産を簿価で引き継ぎを認めることになりました。

具体的には、「適格」に該当する要件を設定し、その要件を満たす場合は「適格」とし、それ以外を「非適格」として課税することになります。

♠「適格」組織再編に該当する要件というのは

「適格」の要件として、企業グループにおける移転資産の帳簿価額での引き継ぎとその対価としての株式の交付が要件ですが、実務上の便宜から一部特例が認められています。

まず、移転資産の帳簿価額での引継については、企業会計上の資産の価額については、様々な要素をもとに決定することになりますが、それらの処理の如何にかかわらず、法人税法上は、簿価で引継を行うことになります。この際、実際に帳簿価額での引き継ぎ以外に、税務申告書上での税務調整でも可能とされています。

次に、移転資産の対価として、株式の交付については、移転資産の対価として、剰余金の配当見合いとして株主に交付する金銭、反対株主の買取請求に対する金銭、合併比率調整のために、1株未満株主に対する金銭の交付は、実務上必要な金銭として認められています。

♠取得企業側の減価償却は

取得側の企業は、当然資産を取得保有することで、事業を展開することになります。

しかし、適格である前提条件の1つである「移転される資産に対する支配継続」は、企業グループにおいて、法人は変わったとしても、資産としての保有は変更していないことから、当然「取得価額」「耐用年数」等も引き継がれていることが前提となり、取得企業側では、譲渡企業の簿価で移転していますが、「取得価額」「減価償却累計額」「耐用年数」等は引き継がれて減価償却がなされることになります。

♠譲渡企業側の減価償却は

譲渡企業側は、事業開始日から、資産の移転を行う日までを、その期間に対応する減価償却費を計上することが可能です。

当然、引継の資産の簿価は、当該減価償却費計上後における簿価となります。

♠一括償却資産の取扱いは

譲渡企業側では、一括償却資産は、「適格」の要件に満たしている場合には、事業年度開始からその前日までを一事業年度とみなして、損金の額に算入することができますが、「非適格」の場合には、一括償却資産の帳簿価額を、最終事業年度の損金の額に算入することになります。すなわち、全額償却することになります。

また、取得企業側では、受け入れた簿価ではなく、譲渡企業側が一括償却資産を計上した金額をベースに一括償却額を決定することになりますが、特に期中で引き受けた場合は、取得価額を36で除した金額のうち移転日から事業年度末の月数を掛けた金額を償却することができます。

編著者紹介

株式会社ブレイン
従来の会計事務所のような顧問契約にとらわれず、「必要な時に必要な分だけ」顧客に対してサービスを提供することをモットーに公認会計士が中心となって平成13年6月に設立。
新規事業者（ベンチャー企業）等の支援業務や、上場会社の連結業務のサポート、内部統制システム構築のサポート、儲かる企業を目指しての財務管理体制・与信管理体制・人事組織体制等のコンサルティング、銀行や商工会議所・上場企業の企業内セミナー等、幅広く会計に基づくサービスを提供している。
大阪事務所　大阪市北区西天満4丁目13－8　尼信ビル8階
神戸事務所　神戸市中央区中町通2丁目3－2　三共神戸ツインビル3階

2023年7月改訂
いまさら人に聞けない「減価償却」の会計・税務 Q&A

2008年3月21日　初版発行
2014年9月18日　改訂版発行　　2015年10月20日　改訂版第2刷発行
2017年9月22日　改訂2版発行
2019年9月11日　改訂3版発行
2021年8月3日　改訂4版発行　　2022年7月7日　改訂4版第2刷発行
2023年8月21日　改訂5版発行　　2024年9月27日　改訂5版第3刷発行

編著者　株式会社ブレイン編著 ©
発行人　森　　忠順
発行所　株式会社 セルバ出版
〒113-0034
東京都文京区湯島1丁目12番6号 高関ビル5 B
☎ 03（5812）1178　FAX 03（5812）1188
http://www.seluba.co.jp/
発　売　株式会社 三省堂書店 / 創英社
〒101-0051
東京都千代田区神田神保町1丁目1番地
☎ 03（3291）2295　FAX 03（3292）7687

印刷・製本　株式会社丸井工文社

Printed in JAPAN
ISBN978-4-86367-836-1